Gütersloher Taschenbücher / Siebenstern 371

Die Beziehung der Geschlechter und das Selbstverständnis der Frau wandeln sich; auch das Verhältnis zu Kirche und Religion ist diesem Wandel unterworfen. Die Beteiligung von Frauen am religiösen und kirchlichen Handeln stößt auf besondere Hindernisse.

In **GTB-Siebenstern** erscheinen Titel zum Thema:

Kirche – Frauen – Religion

Erfahrungsberichte, Erklärungsversuche und Lösungsvorschläge vermitteln konkrete sinnliche und emotionale Erfahrungen mit der Religion. Sie bieten einen neuen, unkonventionellen und glaubwürdigen Zugang zu Religion und Kirche.
Denn Frauen lesen die Bibel mit anderen Augen.
Frauen haben ein anderes Verhältnis zur Religion.

Catharina J. M. Halkes

Gott hat nicht nur starke Söhne

Grundzüge einer feministischen Theologie

Ins Deutsche übertragen
von Ursula Krattiger-van Grinsven

Gütersloher Verlagshaus
Gerd Mohn

Originalausgabe

CIP-Kurztitelaufnahme der Deutschen Bibliothek

Halkes, Catharina J. M.:
Gott hat nicht nur starke Söhne: Grundzüge e. feminist.
Theologie / Catharina J. M. Halkes. Ins Dt. übertr.
von Ursula Krattiger-van Grinsven. – Orig.-Ausg. –
Gütersloh: Gütersloher Verlagshaus Mohn, 1980.
(Gütersloher Taschenbücher Siebenstern; 371)
ISBN 3-579-00371-2

ISBN 3-579-00371-2

Umschlagentwurf: Dieter Rehder, Aachen
Gesamtherstellung: Clausen & Bosse, Leck
Printed in Germany

Meinen drei Kindern

Margriet Marie, Andries und Caspar,

denen ich mich sehr verbunden fühle,
und allen schwesterlichen Frauen,
mit denen ich die Reise des Lebens
machen darf.

Inhalt

Ein persönliches Vorwort

Die Dinge, die ich in diesem Büchlein zum Ausdruck zu bringen versuche, haben in meinem Leben eine wichtige Rolle gespielt und beschäftigen mich noch heute täglich. Deshalb scheint es mir von Vorteil, den Zusammenhang zwischen diesem Text und seiner Verfasserin durch eine kurze Darstellung meiner persönlichen Entwicklung transparent zu machen. Bis heute läßt sich mein Lebensweg, was den inneren Werdegang betrifft, in drei Phasen einteilen:

1. Die Ausbildung und Entfaltung zur emanzipierten Frau. Dies war mir möglich, weil ich in der Schule leicht lernte und deshalb 1933 von meinem bescheidenen Geburtsort Vlaardingen aus ein Gymnasium in Rotterdam besuchen durfte, 1945 nach dem Krieg an der Universität Leiden ein Hochschulstudium aufnehmen und abschließen konnte und auch dadurch die Gelegenheit bekam, mich zu einem kritischen und fragenden Menschen zu entwickeln, der ziemlich selbständig denken und handeln lernte.

2. Das Ringen mit meiner Liebe zur Kirche (der römisch-katholischen), das immer mehr Hand in Hand ging mit einem Beunruhigtsein von Fragen, die Glauben, Kirche und Theologie betreffen. Anfänglich, im ersten Viertel meines Lebens, fühlte ich mich in der Kirche wohl wie ein Fisch im Wasser; später stellte ich immer mehr kritische Fragen, denen ich auf eine konstruktive und aktive Weise Form zu geben versuchte, indem ich mich für allerlei Tätigkeiten zur Verfügung stellte (wir lebten damals in den optimistischen späten fünfziger und sechziger Jahren, wo ich noch glaubte, daß eine offene und einladende Kirche auch entstehen würde, wenn wir uns zusammen nur genug dafür einsetzten; mein Buch »Frau – Welt – Kirche« ist ein typisches Beispiel für diese Haltung). Die kritischen Fragen blieben und wuchsen an; es gab Barrieren in meiner Arbeit,

ich bekam als Laie und Frau doch zu wenig Raum zur Entfaltung, und alles blieb irgendwie unverbindlich. Aber schließlich konnte ich mit einer Ausbildung zum Pastoral-Supervisor eine Wendung in Richtung Pastoraltheologie und -psychologie vollziehen. Als ich nachher an der theologischen Fakultät der Universität Nimwegen beschäftigt war, konnte ich die menschliche und glaubensmäßige Entwicklung der (meist männlichen) Studenten in ihrer Ausbildung zum Pastoraltheologen oder Priester aus der Nähe und mit mehr Einsicht verfolgen. Mein ganzes Leben bleibe ich dankbar für dieses Studium und die persönliche Weiterbildung, die es mir erlaubt haben, andere Menschen tiefer zu verstehen; die mich aber auch lehrten, das Zusammenleben im kleinen Raum einer Fakultät oder Universität, die Gesellschaft als Ganzes, die kirchlichen Strukturen und die überwiegend männliche Dominanz, die ich überall erfuhr, mit anderen Augen zu sehen.

3. Nachdem ich mich gut zwanzig Jahre lang mit der Emanzipation der Laien – und unter ihnen vor allem der Frauen – in der Kirche beschäftigt hatte, kam in den siebziger Jahren der Durchbruch zum Feminismus. Ich entdeckte die Kluft zwischen zwei Welten, die sich vorläufig und allzu schematisch als »die männliche« und »die weibliche« Welt andeuten lassen – eine Kluft, die durch die Emanzipation der Frau verschleiert wird, wenn sich diese bloß mit gleichen Rechten und gleichen Pflichten wie der Mann zufriedengibt, ohne diese Rechte, Pflichten, Normen und Werte der Kritik zu unterziehen.

Zur gleichen Zeit wurde ich (1974 während eines Kongresses zum 50jährigen Bestehen der Katholischen Universität Nimwegen über »Kultur und Gegenkultur«, an dem auch die Neue Frauenbewegung teilnahm) mit dem Abgrund von Wut, Hass, Verachtung und Groll konfrontiert, den der Feminismus gegenüber Christentum, Kirchen und Bibel und allem, was damit zu tun hat, beinahe ideologisch pflegt. Das geschah auf eine so unsanfte Weise, daß sich der Durchbruch in mir ziemlich schnell und heftig vollzogen hat. Daß ich ihn als Erweiterung, Befreiung und überraschende Wohltat erfahren habe, verdanke ich der Lektüre von Mary Dalys gerade erschienenem Buch »Beyond God the Father«, das mich wie ein Blitzstrahl getroffen und alles in ein neues Licht gerückt und mir Klarheit verschafft hat.
Diese Bewußtwerdung und Befreiung haben mein Leben drastisch

verändert und tun es noch. Ich habe meine Naivität und Abhängigkeit gegenüber der bestehenden Kultur und den Menschen, die sich weiterhin in ihr bewegen und zuhause fühlen, verloren. Dies bedeutet ein Zurückgeworfensein auf mich selbst, also Selbständigkeit und manchmal Einsamkeit. Aber ich habe an Ruhe und Innerlichkeit gewonnen (wie angefochten sie auch manchmal sein mögen), an Klarheit im Schauen, Hören und Verstehen und an Unabhängigkeit, wo es um die tiefsten und letzten Werte geht.

Die Reihenfolge dieser drei Phasen in meinem Leben war gut, denn ich habe erfahren müssen, zuerst alles selber mit viel Schmerz und nicht ohne Schaden hinzunehmen. Aber ich wußte, daß ich nicht anders konnte: das Gefühl des Unbehagens in meinen Jahren als emanzipierte Frau, die mitmachen »durfte« und doch nicht richtig dazugehörte; die wachsende Überzeugung, vor der Theologie und Seelsorge trotz vieler Mißverständnisse nicht davonlaufen zu dürfen; aber auch die Einsicht, der Radikalität des Feminismus nicht ausweichen zu können, und die Notwendigkeit, sowohl gegenüber dem Alten, soweit es noch Lebenschancen hat, als auch gegenüber dem Neuen, sofern es nicht intolerant und dogmatisch wird, loyal zu bleiben.

Feminismus und Christentum: ich weiß heute, daß ich mein Leben lang nach Befreiung und Ganzwerdung suchen werde. Radikalität ist für mich der Hinweis auf die Wurzeln (radices) unseres Daseins geworden. Erst seit den letzten Jahren wage ich es, mich daraus nähren zu lassen, habe ich Zugang dazu, und zirkuliert ein Strom aus diesen Wurzeln durch Schoß, Herz und Kopf und nährt – beeinflußt von diesen dreien – wiederum meine Wurzeln.

Darum herrscht in mir Dankbarkeit vor; es sind aber auch ein gewisses Gefühl des Alleinseins und schließlich eine große Besorgnis um Feminismus und Christentum vorhanden. Diese Sorge rührt daher, daß zwischen diesen beiden nicht einmal eine Konfrontation stattfindet, denn sie laufen voreinander weg, nehmen sich nicht ernst und haben nur Vorurteile und stereotype Vorstellungen voneinander.

Für den Rest meines Lebens bin ich den amerikanischen Feministinnen und vor allem den Theologinnen unter ihnen zu Dank verpflichtet: Rosemary Radford Ruether, Mary Daly, Letty Russell, Nelle Morton, Elisabeth Schüssler Fiorenza, Nadine Foley und vielen, vielen anderen. Sie müssen unglaublich hart gearbeitet haben, um diese Problematik immer wieder neu auf angemessene, inspirierende und oft überraschende Weise ausdrücken zu können. Sie sind uns noch immer Jahre voraus; aber das ist nicht wichtig. Entscheidend ist hingegen, daß nun auch für die Frauen in Europa, die sich Feministinnen nennen und doch Christen bleiben wollen, die Zeit gekommen ist, ihre Stimme zu erheben. Kann ein christlicher Feminismus entstehen, der so wahrhaft evangelisch ist, daß er weder Wasser in den schäumenden Wein der Frauenbefreiungsbewegung gießt noch den Wein verwässert, der das Zeichen von Gottes Menschwerdung unter uns ist? Seit 1977 beschäftige ich mich an der theologischen Fakultät der Universität Nimwegen mit diesen Fragen (vorher habe ich es in meiner ganzen Freizeit getan) und erlebe dabei Beifall und Interesse von vielen Seiten, die nicht vorauszusehen waren; von sehr vielen Frauen, von Studierenden, auch an anderen theologischen Fakultäten in Holland, aber auch aus dem Ausland, aus Ost und West, vor allem und am stärksten von deutschen theologischen Fakultäten.

Was ich in diesem Büchlein anzubieten habe, ist noch wenig eindrucksvoll, nicht systematisch, keine Frucht empirischer Untersuchung, nicht bis auf den Grund erforscht, kein glänzendes und abgerundetes Produkt, sondern der Niederschlag eines mühsam ringenden und Fragen aufwerfenden Prozesses. Ich sage dies weder aus falscher Bescheidenheit noch aus einem »negativen Selbstbild«. Was ich geschrieben habe, ist wohl erwogen; es kommt aus meiner Erfahrung und meinen Studien und versteht sich als erster Ansatz. Warum dann nicht warten mit dieser Publikation, wenn ohnehin schon zu viel auf dem Büchermarkt erscheint, als daß wir damit Schritt halten könnten? Aus ein paar Gründen:

1. Ein sehr pragmatischer: das Gütersloher Verlagshaus Gerd Mohn hat mich im Sommer 1978 dringend eingeladen, ein Buch für eine Reihe von Veröffentlichungen zu schreiben, die für Frauen relevante Themen behandeln. Und der holländische Verlag Kok bat darum, es nachher auf holländisch herausgeben zu können.

2. Auf dem Gebiet von Feminismus und Theologie gibt es gewiß noch keinen Überfluß an Publikationen, weder im holländischen noch im deutschen Sprachraum.

3. Der dritte Grund ist seelsorgerlicher Art. Es geht hier ja auch darum, daß in einer langen Wirkungsgeschichte, die eine traditionelle Kirche, ihre Theologie und Praxis verursacht haben, das Übel schon längst geschehen und Eva in Sprache, Bild und Erlebnis zur Verführerin – unzuverlässig und sehr »fleischlich« – geworden ist.

Nach dem neuen Bild der Frau suchen, das Profil von »Gottes neuer Eva« (Kurt Lüthi) zeichnen, ist eine grundlegend wichtige und nötige Aufgabe, die im Rahmen der Zukunft gelöst werden muß. Aber schon heute ist es nötig – auch wenn es noch nicht so systematisch geschehen kann –, daß wir all jene, die von den Kirchen gründlich enttäuscht, frustriert und in großer Zahl schon aus den Kirchen ausgezogen sind, Signale und Zeichen der Befreiung hören und sehen lassen. Noch dringender ist es, daß wir die leuchtende Fahne schwenken: »Kirchen, hört mit eurem Sexismus auf; werdet euch unserer ›Apartheid‹ und eurer Halbheit bewußt«. Vielleicht können wir auf diese Weise den Exodus (Auszug) der Frauen aus den Kirchen zum Stehen bringen und sie für einen viel existentielleren und befreienderen Exodus empfänglich machen.

4. Ich glaube, daß wir miteinander ins Gespräch kommen und an die Arbeit gehen müssen: Feministinnen, feministische Theologinnen und Christen-Frauen, die am Anfang ihres Aufbruchs zur Befreiung stehen. Wir alle sind erst seit kurzem unterwegs und haben mehr Fragen als Antworten. Sehr vieles wird aus einer neuen und umfassenderen Sicht bis auf den Grund untersucht werden müssen. Dafür muß Stoff geliefert werden, und dieses Buch will dabei behilflich sein.

Als römisch-katholische Frau will ich hier gerne die vortreffliche Arbeit des Weltkirchenrats erwähnen, von der auch ich profitiert habe. Meine Bekanntschaft mit ihm geschah Anfang 1964 mit der Lektüre von »Concerning the Ordination of Women« (Über die Zulassung von Frauen zum Amt), einer äußerst klaren und gläubigen Einführung in die ganze Problematik. Damals war Madeleine Barot im Stab des Weltkirchenrats; später folgte ihr Brigalia Bam, die unter anderem und mit anderen den Berliner Kongreß »Sexismus in den siebziger Jahren« und die erste Konsultation über den »christlichen Feminismus in Europa«, die 1978 in Brüssel stattfand, möglich gemacht hat. Heute ist es Constance Parvey, die nach der Vollversammlung des Weltrats der Kirchen in Nairobi mit der »Studie über die Gemeinschaft von Frauen und Männern in der Kirche« beauftragt worden ist und damit einer weltweiten Sache dient. Möge dieser Funke auch auf Rom überschlagen ...
Inzwischen kommen die amerikanischen Katholikinnen, die ihre dritte »Women Ordination Conference« (Konferenz über die Zulassung von Frauen zum Priesteramt) von 1980 vorbereiten, heraus-

fordernd nahe an die Pforten Roms heran. Sie wollen ihre Konferenz nämlich – und wir auf der ganzen Welt mit ihnen – zur selben Zeit in Rom abhalten, zu der sich dort auch die Bischofssynode versammelt. Weiter nenne ich hier die »Groupe Femmes et Hommes dans l'Eglise« (Gruppe Frauen und Männer in der Kirche), von der ich Ende der sechziger Jahre Denise Peeters und Marie Thérèse van Lunen-Chenù kennen lernte, als wir 1967 in Holland mit einer kleinen, aber enthusiastischen Arbeitsgruppe »Frau / Mann / Kirche« angefangen haben. Die »Groupe Femmes et Hommes« hat, manchmal mit Pro Mundi Vita (Für das Leben der Welt) Jan Kerkhofs, die internationale Dimension und vor allem die romanischen Länder nicht aus den Augen verloren und hält uns über ihr Bulletin ausgezeichnet auf dem Laufenden.
In Holland haben wir die neuen Entwicklungen, die im Gang waren, ziemlich aufmerksam verfolgt. Nach der nötigen Vorarbeit ist denn auch hier eine landesweite Arbeitsgruppe »Feminismus und Theologie« entstanden, in der wir uns – Theologiestudentinnen, Interessentinnen und feministische Theologinnen – treffen. Seither sind im Holländischen Rat der Kirchen und in der katholischen Kirche zwei entsprechende Arbeitsgruppen gebildet worden. Wie weit und wie tief dieses Interesse und die Gemeinsamkeit gehen und sich in ein überzeugendes Engagement in Theologie, Glaubenskultur und im Aufbau der Kirchen umsetzen werden, wird die Zukunft weisen. Die gegenseitige Ermutigung und Freundschaft jedenfalls bestehen.
Es ist auffallend und erfreulich, daß die feministische Bewegung unter Christen-Frauen und Theologinnen von allem Anfang an wie selbstverständlich ökumenisch war und ist. Ohne unsere kirchliche Herkunft und Tradition zu verleugnen, erfahren wir doch alle, daß unsere tiefsten, existentiellen Fragen nach der Befreiung von Menschen, Kirchen und ihrer Theologien die verschiedenen Bekenntnisse übersteigen und wieder an die Wurzeln unseres Mensch- und Christseins rühren.
Eine andere und nicht weniger wichtige Sache, die uns als Aufgabe noch erwartet, ist der Kontakt und die gegenseitige Befruchtung zwischen den feministischen Theologinnen in den westlichen und östlichen Ländern Europas. Es ist unter anderem der blitzartigen Initiative und Improvisationsgabe der holländischen Pfarrerin Bé Ruys in Berlin zu verdanken, daß es 1972 zu einer Begegnung zwischen West- und Ost-Frauen kam, die auf mich einen tiefen und bleibenden Eindruck gemacht hat. Und dank dem Zutun einer an-

deren holländischen Pfarrerin, die in Wien tätig ist, und einiger Schweizerinnen haben sich diese informellen Zusammenkünfte ein paarmal wiederholt und schließlich zur schon genannten Konsultation über den christlichen Feminismus in Brüssel geführt.
Tief dankbar bin ich für die Freundschaft und Verbundenheit mit Elisabeth Moltmann-Wendel, die für mich sehr anregend, herzerwärmend und fruchtbar ist. Sie hat auf diesem Gebiet Pionierarbeit in Deutschland geleistet. Mir ihr hoffe ich innig, daß in kurzer Frist in den Herzen einiger feministischer Theologinnen, wo immer auch in Europa, ein so starkes Verlangen wächst, daß wir alle praktischen Hindernisse von Zeit und Ort überwinden und uns regelmäßig treffen und miteinander arbeiten werden.
Auf jeden Fall hat sich in Holland, im Frühling 1977, eine Begegnung ergeben, die ein konkretes Modell für eine europäische Entwicklung sein könnte. Während des UNO-Seminars »On the changing roles of men and women« (»Über die sich wandelnden Rollen von Mann und Frau«), das in Groningen stattfand, begegnete ich Ursula Krattiger. Ursula kam auf mich zu im Zusammenhang mit dem Referat, das ich am Samstag vor den ausländischen Gästen halten sollte. Der Funke schlug sofort über, und eine Schwesternschaft-in-spe (was heißen will: in der Hoffnung) wurde geboren, europäisch und ökumenisch: Ursula, Schweizerin, mit einem katholischen Holländer verheiratet; sie reformiert, ich römisch-katholisch; sie eine Generation jünger als ich. 1978 feierten wir zusammen in der Studentenkirche von Nimwegen das Pfingstfest, an dem ich predigen durfte ... Daß sie in einem kreativen Mitdenken dieses Buch übersetzt hat, hat unseren Herzen wohl getan. Der Prozeß des Schreibens, Überlegens und Übersetzens hat uns eine Erfahrung der Schwesterlichkeit vermittelt, die für uns beide kostbar ist, die wir aber mit allen teilen wollen, die selber auf einer geistigen Expedition nach neuen Worten und Bildern für ihre neuen Menschen- und Glaubenserfahrungen sind.
Zum Abschluß will ich gerne den Nimweger Pastoraltheologen Frans Haarsma nennen. Den nicht abreißenden Gesprächen, die wir nun schon viele Jahre – gerade im Zusammenhang mit Feminismus und Theologie – miteinander führen, habe ich persönlich viel zu verdanken, und auch dieses Büchlein hat dadurch gewonnen. Das bedeutet nicht, daß ich die Verantwortung dafür nicht selber tragen will – sicher für alles, was daran mangelhaft ist; aber es heißt, daß vieles vom Positiven daran seinen interessierten und kritischen Fragen zu verdanken ist. Ich bin mir bewußt, daß ich in

der Theologie ein später Neuling und erst noch nach ein paar Jahren »abweichend« geworden bin. Das kann die Kontakte manchmal erschweren. Meine neuen Wege und die nie nachlassende Treue von Frans Haarsma zum Reichtum der christlichen Tradition haben unsere Gespräche manchmal widerborstig gemacht, ihnen aber immer Tiefgang gegeben.

Catharina J. M. Halkes

A. EINFÜHRUNG

I. Feminismus als Weg zur Befreiung: Woher und Wohin?

Wer im Zusammenhang mit dem Phänomen »feministische Theologie« etwas erzählen, beschreiben und erklären will, tut meiner Meinung nach gut daran, sich zuerst auf den Begriff »Feminismus« zu konzentrieren und erst nachher auf die Theologie einzugehen. Denn so sehr die Theologie auf abstrakte Weise als »logos«, als das Wort, die Reflexion, ja selbst die systematische Wissenschaft von Gott umschrieben werden kann, konkret sind es immer Menschen, die Theologie betreiben. Die Sozialwissenschaften haben uns gelehrt, daß es sehr viel ausmacht, wer (über welches Thema auch immer) spricht und wer seiner oder ihrer Aussage zuhört. Das Thema mag »neutral« oder sogar banal erscheinen, wie etwa das Reisen in Spanien; aber selbst dann ist die Person, die darüber redet, nicht neutral. Die Sprecherin bringt ihre ganze Welt von Erlebnissen, Gefühlen und Projektionen mit ein, und auch der Zuhörer hört mit seinem Hintergrund, seinen Erfahrungen, Erinnerungen und Frustrationen. Kein Wunder, daß schon zwei Menschen zwei sehr verschiedene Vorträge über das Reisen in Spanien halten würden.
Nun haben wir es mit der bemerkenswerten Tatsache zu tun, daß sich bis vor kurzem nur eine Sorte Menschen mit Theologie befaßt hat, nämlich männliche Menschen, und daß dies Jahrhunderte lang als selbstverständlich gegolten hat. Jetzt wo Frauen dank ihrer wachsenden Bewußtwerdung auf allen Gebieten, mit denen sich das menschliche Denken befaßt, mitmachen wollen, stoßen sie auf einen Wissenschaftsbetrieb, eine Philosophie und Theologie, die einseitig, halb oder zumindest unvollständig ist. Da stimmt etwas nicht; da ist in praktisch allen historischen Kulturen und in der Konkretisierung aller großen Religionen etwas schiefgelaufen – und das hat mit der Abwesenheit der Frauen in Kultur und Religion zu tun. Davon handelt der Feminismus; deshalb ist es unsere Aufgabe, zunächst darauf näher einzugehen.
Feminismus ist ein älterer Begriff, der während der sogenannten

zweiten und radikalen Welle der Frauenbefreiungsbewegung, die in den sechziger Jahren in den Vereinigten Staaten entstanden ist und nachher ziemlich schnell auf Europa übergegriffen hat, wieder aufgetaucht ist. Frauen begannen zu entdecken, daß sie die formale Freiheit der Ausbildung, Berufsausübung, des Stimmrechts und der Teilnahme an der Politik, die man ihnen zugestanden hatte, zwar etwas weiter, aber nicht weit genug gebracht hatte. Die Forderungen nach der Vollendung der Frauenemanzipation wurden lauter gestellt: gleicher Lohn für gleiche Arbeit und viele andere. Aber damit verändert die Welt ihr Angesicht noch nicht, und gerade jene Frauen, die am kritischsten sind, machen die Erfahrung, daß es nach wie vor wie früher ist: man's world – woman's place (die Welt des Mannes – der Platz der Frau).

So entsteht der Feminismus, der weiter gehen will als der Kampf für die Anerkennung der Gleichwertigkeit von Mann und Frau, für gleiche Rechte und Pflichten für beide Geschlechter, für eine gleichberechtigte Teilhabe an allen Strukturen des Mitdenkens und Führens auf allen Gebieten. Denn solange Frauen nur unter der Bedingung mitmachen »dürfen«, daß sie das Bestehende so lassen, wie es ist, und nicht durch abweichendes Verhalten zur Last fallen, ist noch immer etwas grundlegend falsch. Die Männer bleiben weiterhin Maß und Norm für alles, was besteht, und Frauen können sich bloß noch anpassen.

Das heißt: Feministinnen sind jene Frauen, die nach ihrem Emanzipationsprozeß feststellen, daß sie an einen entscheidenden Kreuzpunkt gelangt sind, weil ihr Gefühl des Unbehagens gegenüber den bestehenden Strukturen nach wie vor da ist, und die es sich nun zur Aufgabe machen, die vorher genannten Rechte und Pflichten, Strukturen, Werte und Normen selber der Kritik zu unterziehen und sie auf ihre Gültigkeit und Menschlichkeit hin zu untersuchen. Für diese Frauen wird Feminismus zu einem persönlichen, manchmal schmerzhaften, aber auf die Dauer befreienden Prozeß, in dem wir uns bewußt werden, wie stark und in welchem Ausmaß wir uns durch Erziehung, soziale Konditionierung sowie berufliche und wissenschaftliche Ausbildung die herrschende Kultur zu eigen gemacht und sie verinnerlicht haben. Wollen wir zu uns selbst kommen und konstruktiv zur Verwandlung einer Kultur beitragen, die in ihrer Einseitigkeit festzufahren und in ihrer technologischen Entwicklung außer Rand und Band zu geraten droht, dann müssen wir uns Schritt für Schritt aus der Entfremdung von uns selbst befreien.

Feminismus umfaßt also mehr als die Emanzipation der Frau, auch wenn diese eine notwendige Voraussetzung ist.

1. Er beinhaltet eine fundamentale und radikale Befreiung von Frauen zu autonomen Menschen; er ist also ein (sozial-)psychologischer Prozeß.
2. Er setzt eine genaue Analyse der sozialen und wirtschaftlichen Faktoren voraus, die bei der Unterdrückung der Frauen im Spiel (gewesen) sind; er ist auch ein sozialer und ökonomischer Prozeß.
3. Feminismus lehnt sich gegen die einseitig maskuline Kultur auf; er ist damit eine Form von Gegen-Kultur.

1. Befreiung zur Autonomie

Wenn wir den Feminismus als einen Befreiungsprozeß von Frauen zu autonomen Menschen verstehen, steht die Frage: wer bin ich als weiblicher Mensch? statt: wer soll ich gemäß Meinung und Erwartung anderer sein? im Zentrum. Nach allen Protesten nach außen geht es hier letztlich um eine Wendung nach innen.

Die Zeit liegt noch nicht so weit hinter uns, daß eine Frau aufgrund ihrer Leiblichkeit dazu bestimmt war, zu heiraten und Mutter zu werden. Das war das Erwartungsmuster der Gesellschaft und auch ihre eigene Prognose. Wurde nicht um ihre Hand »angehalten«, so drückte dies ihrem Leben ein Stigma auf. Sie war dann frei für eine manchmal fesselnde, oft aber eintönige Berufstätigkeit, die der verheirateten Frau und Mutter untersagt blieb oder erst möglich wurde, wenn die Kinder groß waren. Frauen aus gläubigen Kreisen konnten der Ehe entgehen, wenn sie einer religiösen Gemeinschaft beitraten, mußten damit aber auch jeder sexuellen Erfahrung abschwören. Frauen unterstanden nicht nur dem Gesetz: biology is destiny (Biologie ist Schicksal). Es geschah noch etwas viel Eingreifenderes: mit ihrer Körperlichkeit und der Selbstverständlichkeit ihrer Mutterschaft wurden Werte und Normen gekoppelt, die als »typisch weiblich« bezeichnet und in einem so starken Ausmaß als Vorschriften gehandhabt wurden, daß sie als auferlegte Charaktereigenschaften zu wirken begannen: weich, zärtlich, nahe, gefühlsvoll, herzlich, fürsorglich.

Der Status der Ehefrau und Mutter bestimmte die Frau für Wohnstube und Schlafzimmer, und ihre Rolle als Hausfrau schloß sie in Haus, Garten und Küche ein. Dadurch wurde die Frau nur noch wahrgenommen als die, die »hinein« gehörte, in die kleine, wenn auch nicht unwichtige Welt des Persönlichen und des Privatlebens. Damit machte sie es Mann und Kindern überhaupt erst möglich, »draußen« im vollen Leben zu stehen, während sie selber zurückblieb und ins Hintertreffen geriet. Mit dieser Beschneidung des Lebensraums für Frauen wurden »Eigenschaften« oder Etiketten verbunden wie: einfach, bescheiden, niedrig, im Hintergrund, ergänzend, auf Personen bezogen. Diese wurden allerdings mit negativen Werten wie: unwissend, kein Partner für Gespräche über die wichtigen öffentlichen Dinge, bei der Meinungsbildung zu vernachlässigen, assoziiert. »Drinnen« war für die herrschende Kultur ja weniger wichtig als »draußen« – außer als Objekt für jene Wachstumsbranche, die sich in den letzten Jahrzehnten mit ihren Geräten und ihrer übertriebenen Betonung einer künstlichen »Gemütlichkeit« auf Haus, Garten und Küche gestürzt hat.

Es gibt noch eine dritte Schicht, bei der wir zum Kern der Sache vorstoßen: die Frau als Verkörperung ihrer Sexualität. Um das in den Griff zu bekommen, müssen wir die Ambivalenz des westlichen Mannes im Hinblick auf die sexuelle Erfahrung in den Mittelpunkt stellen. Offenbar ist die Frau in der herrschenden androzentrischen (auf den Mann bezogenen) Kultur zum Opfer eines immer dualistischeren Denkens, eines Denkens und Erlebens in Gegensätzen, geworden. Ursprünglich war sie gerade wegen ihrer Sexualität und ihrer Fähigkeit, neues Leben zu tragen, hervorzubringen und zu ernähren, mit einem mysteriösen und heiligen Schauder und mit Ehrfurcht umgeben. In den historischen Zeiten jedoch, als der Mann seine Rolle als Träger des Samens entdeckte und die Funktion des Eis in der Frau noch nicht bekannt war, wurden die Rollen umgekehrt: die Frau wird zum passiven Nährboden, auf den gesät wird, und der Mann erlebt sich selbst als die lebenerweckende Kraft, die, wenn es gut geht, Söhne zeugt, und wenn es schiefgeht, Töchter. Frauen sind – gemäß Aristoteles, Thomas von Aquin und Freud – mißratene Männer.

Der Frau ist nicht nur dieser Verlust an Respekt und Ehrfurcht widerfahren; sie wurde auch noch zur Verkörperung der Lust, der düsteren Kräfte im »Menschen«, zur Verführerin des Mannes, die ihn in der Ekstase außer sich geraten läßt. In einem dualistischen und vor allem polarisierenden Denken (in dem das Spannungsfeld zwischen zwei Polen nicht ausgehalten wird und der eine Pol deshalb zugunsten des anderen »untengehalten« werden muß) hat der Mann die Seele und vor allem den Geist höher geschätzt als den

Leib, was zu einer Unterdrückung des Leibes um des Geistes willen führte. »Meistens bedeutete das nicht, daß die sexuelle Aktivität aufgegeben wurde, aber wenn immer der Mann seine sexuellen Bedürfnisse zum Ausdruck brachte, betrachtete er das als eine Nachgiebigkeit gegenüber seiner Schwachheit. Könnte er ohne eine Beschneidung seiner sich selbst übersteigenden Persönlichkeit Geschlechtsverkehr haben, wäre nicht viel Schlimmes dabei; aber in Wirklichkeit war es für ein vollständiges Genießen der Sexualität unerläßlich, daß er die bremsende Kontrolle über seinen Körper aufgab. Das machte eine Konzentration auf seine körperliche Seite erforderlich, was als entwürdigender Abstieg erlebt wurde. Aus der Perspektive des Geistes konnte die Lust, die mit diesem Gefühl des Abstiegs zusammenhing, nur Abkehr bewirken. Das Problem ließ sich abschwächen, sofern das Gefühl vorhanden war, daß der sexuelle Partner ganz auf dem Niveau, zu dem sich der Mann herabließ, zuhause war. Sich der Leiblichkeit in Gegenwart einer Person hinzugeben, mit der er eine Beziehung auf der Ebene von Verstand und Geist hatte, war schwieriger und weckte mehr Widerstand, als Körper zu werden in Gesellschaft eines anderen Körpers. Von daher kam das Verlangen des Mannes, daß sein sexueller Partner soweit wie möglich rein körperlich sein soll. Er konnte dann sogar das Gefühl haben, daß der Tadel für seinen Abstieg auf der Frau lag, die den Mann auf ihr eigenes Niveau herunterzog«[1].

Wir wissen alle, wie sehr sich in dieser Sache das Denken der damaligen Kultur und der jungen christlichen Kirche gegenseitig verstärkt und legitimiert haben. Ich komme darauf selbstverständlich wieder zurück. Aber es ist eine Tatsache, daß den Frauen nun noch ein drittes Set von »Eigenschaften« und »Werten« zugeschrieben wurde: emotional, irdisch, verführerisch, unzuverlässig, labil. Sah die Frau in frei gewählter Jungfräulichkeit von jeder Form der Sexualität ab, erhob sie sich darüber, um sich zu den Dingen des Geistes zu bekennen, »quasi vir« (fast wie ein Mann), dann konnte sie als intuitiv, rein und sauber, als Zuflucht und Quelle des Trostes auf ein Podest gestellt werden. In der höfischen Minne ist sie auf diese Weise zur ma donna, zur inspirierenden Dame, Schirmherrin und Muse erhöht worden.

In einer zusammenfassenden Schlußfolgerung (die in dieser Kürze den im Lauf der Zeiten wechselnden Umständen und den Unterschieden zwischen den sozialen Schichten und Klassen nicht gerecht wird, aber auf jeden Fall dann stimmt, wenn infolge der Industrialisierung die Familien mit ihren Müttern von der Arbeitswelt abgeschnitten werden und in die Isolierung geraten) läßt sich Folgendes feststellen: der Mann verpflichtet die (seine) Frau auf Werte und Eigenschaften, zu denen er selber gar nicht kommt, die er aber gerne bei ihr antreffen will. Er privatisiert diese Werte, so daß sie sich in der Gesellschaft als solcher nicht auswirken können. Die Kehrseite der Medaille ist, daß die »männlichen« Werte damit zu den öffentlichen Werten werden. So entsteht eine Rangordnung der Werte, in der die sogenannt »männlichen« den Vorrang haben. In der Folge wird die Frau in der maskulinen Kultur klein gehalten und beginnt dann oft auch ihrerseits, sich »klein« zu verhalten. Schon unsere Sprache bringt es zum Ausdruck: es liegt eine ganze Welt zwischen Männersprache und Frauengerede!

Schließlich hütet sich der Mann davor und wagt das Risiko nicht, sich nach innen zu wenden und auf seine eigenen Wünsche, Bedürfnisse, Ängste, kurzum auf sein unbewußtes Ich zu hören, in dem laut C. G. Jung nun gerade seine »weiblichen« Möglichkeiten schlummern. Solange er davor Angst hat, versperrt er sich den Weg zu ihrer Integration und projiziert sie auf eine ambivalente Weise auf die Frau. So hält er das Unbewußte wie das Weibliche von sich fern und erlebt beides als etwas Negatives.

2. Soziale Konditionierung und wirtschaftliche Unterdrückung

Durch Projektionen, Rollenmuster, soziale Konditionierung und noch immer gültige stereotype Erwartungen sind Frauen stark von außen und durch die Religion auch noch »von oben« bestimmt worden. Sie konnten nur selten wählen; sie wurden nicht dazu berufen, ihre Grenzen zu überschreiten, und hörten weder den Aufruf noch die Herausforderung, ihren allzu engen Kreis zu durchbrechen. Die Frau wurde auf ihre Beziehungen reduziert: die Mutter, Tochter, Frau von ... und blieb in ihrer Rolle als Versorgerin, Putzfrau und Haushälterin gefangen, im günstigsten Fall als Geliebte, im ungünstigsten als Sexobjekt.

Heute wollen Frauen Subjekt ihres eigenen Lebens und Denkens werden, ihren eigenen Erfahrungen und Meinungen auf die Spur kommen und nicht mehr dem Diktat fremder Erwartungen, sozialer Rollen und Vorurteile unterworfen sein. Frauen widersetzen sich den leichtfertig gebrauchten Definitionen von »weiblich« und

»männlich« und wollen selber herausfinden, wer sie – jede auf ihre persönliche Art – sind. Nicht mehr »die andere«, definiert aus der Sicht des Mannes, sondern ein »Selbst«. Von *Simone de Beauvoir*, die klar und entlarvend wie keine andere zu jener Zeit in Worte gefaßt hat, daß Frauen das Los aller »Minderheiten« teilen und als »die andere«, als abweichend betrachtet oder auf Klischeevorstellungen festgelegt werden, stammt das geflügelte Wort: »on ne naît pas femme, on le devient«, »man wird nicht als Frau geboren, man wird es ...« Dieses Wort ist von der Frauenbefreiungsbewegung aufgegriffen und gebraucht worden, um jeden Unterschied zu den Männern zu leugnen oder herabzuspielen. Nicht die Natur ist schuld, sondern die Kultur.

Doch müssen wir diesen Slogan seit der Publikation des umfangreichen Werkes »Le Fait Féminin«, das unter der Redaktion von *Evelyne Sullerot* erschienen ist, fallenlassen. Eine Anzahl Gelehrter, unter ihnen Nobelpreisträger, hat – unabhängig von jeder festen Voraussetzung – eine Untersuchung über den Körperbau, die Biologie, Psychologie, Sexualität und das soziale Verhalten der Frau an die Hand genommen. Was sie suchten, waren Fakten, sachliche, durch empirische Forschung erworbene Erkenntnisse ohne alle ideologischen Absichten. Was sie fanden, ist vor allem dies: im Gegensatz zur Behauptung von de Beauvoir werden wir wahr und wahrhaftig als Frauen geboren – mit einer programmierten physischen Eigenart, die sich von der des Mannes unterscheidet. Nur ein Beispiel: Schon lange weiß die Wissenschaft, daß der Mensch zwei Hirnhälften mit unterschiedlichen Funktionen hat: die linke beherrscht die Sprache, die Rede, die rechte die räumliche Wahrnehmung. Erst heute hat man sich die Frage gestellt, ob das auch bei Frauen im selben Ausmaß der Fall ist und entdeckt, daß diese Verteilung bei ihnen weniger ausgesprochen ist. Bei Frauen besteht eine größere Parallelität zwischen den beiden Hälften, wodurch sich bestimmte Erscheinungen, die auch während dieser großen Untersuchung festgestellt wurden, besser erklären lassen: sowohl der verbale Reichtum und die Gewandtheit, mit der Mädchen reden, als auch ihre größere Mühe mit räumlichen Wahrnehmungen etwa beim Studium der Stereometrie und anderswo[2].

Heißt das nun, daß wir gemäß diesen Wissenschaftlern wieder auf ein uns festlegendes »weiblich« und »männlich« wie auf unabänderliche Schicksalshaftigkeiten zurückgeworfen würden? Keineswegs. Es kann keine Rede sein von Schicksal oder Notwendigkeit, die unser Verhalten determinieren. Wir können unsere biologische

Anlage modifizieren und darauf je nach der Kultur, in der wir leben, Einfluß ausüben. Der Mensch, auch der weibliche Mensch, ist eine Synthese von Natur und Kultur, und was sie aus der Natur macht, hängt von zahllosen Faktoren ab. Frauen sind heute weniger von ihrem Körper, ihrer Sexualität und der Notwendigkeit zu gebären abhängig; dennoch bleiben biologische Unterschiede zum Mann bestehen. Wir können unser Leben auf persönliche Art ausdrükken, quer durch alle Kulturen, die an Zeit, Ort und Geschichte gebunden sind. Darum können wir das Wort von *de Beauvoir* wieder aufnehmen: wir werden Frauen, unterschiedlich voneinander, aber auf der Grundlage unwiderlegbarer biologischer Gegebenheiten. Feministinnen müssen deshalb darauf achten, daß sie in ihrem Protest gegen die gängige Polarisierung der Polaritäten nicht in das andere Extrem verfallen, indem sie sie für unwichtig halten oder verkennen. Es geht nicht darum, die Polaritäten in Abrede zu stellen, sondern ihre Fixierung auf biologische Geschlechter aufzuheben; denn Polaritäten leben in jedem Menschen, und die Kunst besteht darin, so mit ihnen umzugehen, daß sie fruchtbar aufeinander einwirken.

Feminismus ist ein Prozeß der Befreiung, habe ich behauptet. Die Antwort auf die Frage: Befreiung wovon, scheint mir nun nicht mehr schwierig: von den Projektionen, denen wir als Wand gedient haben; von den negativen Selbstbildern, die wir uns zu eigen gemacht haben; von unserer Angst, andere Wege zu gehen und deshalb ausgestoßen zu werden; von hierarchischen Denkmustern, die in hoch und niedrig, überlegen und minderwertig einteilen; von der Gewalt der ausschließlich rationalen Argumente, mit denen in Diskussionen und sogar in persönlichen Gesprächen gefochten wird.

Befreiung wozu? Zum Mut zum Sein, wir selber zu werden; zum Mut, nein zu sagen zu jeder »Verführung« zur Bequemlichkeit und Banalität; zum Mut, ja zu sagen zu jedem Aufruf, jeder Herausforderung, die uns von unserem »Platz« wegholt; zu einem Wachstum in Richtung auf Ganzheit, Menschsein und Humanität; zum Vertrauen in unser eigenes Selbst und ineinander; zu einer großzügigen, aber auch kritischen und konstruktiven Schwesterlichkeit, die uns sein und wachsen läßt.

a) Frauen ... und Männer?

Frauen brauchen einander, um sich zu äußern, anerkannt und verstanden zu werden und auf eine neue Art weiterzugehen. Es ist ihnen nur aus einem gewachsenen Selbstvertrauen und einer klaren Bewußtwerdung heraus möglich, auch auf eine neue Art mit Männern und jenen Frauen umzugehen, die in der maskulinen Kultur noch immer die Norm sehen. Feminismus kann auch Männer, die in sich zumindest das Bedürfnis nach Befreiung verspüren, zur Menschwerdung anregen. Nach den ersten Reaktionen von Unverständnis, Lächerlichmachen, unbestimmter Angst und Gefühlen der Bedrohung können Männer plötzlich für die Werte der Ganzheit, die auch sie so bitter nötig haben, empfänglich werden.

Erst wenn sich Männer aus ihrer »Macht« und Frauen aus ihrer »Ohnmacht« erheben, um in Bewegung zu kommen, können sie miteinander auf eine neue Art in »a sisterhood of men« (»einer Schwesternschaft von Menschen«) umgehen; so nennt Mary Daly jene inklusive Gemeinschaft, die eine Aufwertung all jener Werte voraussetzt, die mit Gemüt, Herz, Gefühlen, Nähe und Bezogenheit zusammenhängen und in unserer Kultur so tief im Kurs stehen. Sie sollten gerade von Männern »eingeübt« werden und wären es wert, im öffentlichen Leben ein Gegengewicht zu den »harten« Werten wie Effizienz, Wettbewerb, Sachlichkeit oder autoritäres Verhalten zu bilden.

Frauen haben eine etwas andere Aufgabe: es ist nötig, daß sie sich so entwickeln können, wie es ihren Möglichkeiten entspricht; dabei sollten sie auch die sogenannt »männlichen« Seiten hochkommen lassen, ohne deshalb die sogenannt »weiblichen« zu vernachlässigen.

Das heißt: ich glaube nicht mehr daran, daß Mann und Frau »komplementär« sind, geschweige denn, daß die Frau eine nützliche und nötige Ergänzung des Mannes ist. Beide Geschlechter tragen die Möglichkeit in sich – das was bis heute als männliche und weibliche Komponenten oder Polaritäten bekannt war – zu integrieren und auf diese Weise autonome, auf Ganzheit und Androgynie (Mannweiblichkeit) zuwachsende Menschen zu werden. Dies bedeutet nicht, daß wir in unserem Streben nach Menschwerdung kein Bedürfnis nach menschlichen Beziehungen hätten. Im Gegenteil: daran wachsen wir ja gerade. Aber jeder Mensch – Mann oder Frau – kann sich entfalten, ohne unbedingt auf die Ergänzung durch das andere Geschlecht angewiesen zu sein. Was wir brau-

chen, ist ein Leben in Gegenseitigkeit; seine Akzente lassen sich jedoch nicht im vornhinein festlegen.
Es sollte Inzwischen klargeworden sein, daß ich den Feminismus als eine vorläufige, aber nötige Phase, als eine Periode der Bewußtwerdung und Besinnung, der Einkehr und der zeitweilig gesuchten Zusammenscharung betrachte und erlebe. Hinter der Polarisierung von Maskulinismus und feministischer Bewußtwerdung liegt die Ahnung einer menschlichen Bewußtwerdung. Wir werden das Androgyne nicht entdecken, indem wir uns nach außen wenden, der Welt zu, sondern in uns selbst.

b) Feminismus und Sozialismus

Ich bin mir bewußt, daß ein verallgemeinerndes Schreiben über Mann und Frau oder über Frauen und Männer gefährliche Mißverständnisse hervorrufen kann. Wie wenn es »die Frau« gäbe; wie wenn alle Männer gleich wären. Die Schwierigkeit besteht darin, daß wir uns – wenn nicht ausdrücklich etwas anderes beabsichtigt ist – auf unsere westliche Kultur beschränken müssen und damit Gefahr laufen, die Frauen aus den verschiedenen Teilen der Dritten Welt aus den Augen zu verlieren. Aber auch in unserer eigenen Kultur können Frauen aufgrund ihres persönlichen Lebenslaufes, ihrer Ausbildung und ihres Berufes, ihrer Lebensumstände und noch vieler anderer Faktoren äußerst verschieden sein und deshalb auch auf ganz unterschiedliche Art auf den Feminismus reagieren. Schließlich gehören wir Frauen sehr unterschiedlichen Schichten und Klassen der Gesellschaft an und werden folglich auf unterschiedliche Art eingeschränkt, unterdrückt oder eben auch nicht!
Darum will ich hier kurz versuchen, die Verbindung zwischen Feminismus und Sozialismus aufzuzeigen. Immer mehr entdecken wir, daß sozio-kulturelle und geistig-religiöse Bewegungen ihr Entstehen auch der wirtschaftlichen Situation verdanken, die jeweils vorhanden ist. Als eines der vielen Beispiele sei die Beginenbewegung des 13. Jahrhunderts erwähnt; auch hier stoßen wir auf ein Zusammenspiel sozio-ökonomischer und religiöser Motive[3]. Was die Privatsphäre von Ehe und Familie und die Arbeitswelt des Mannes (manchmal auch der Frau) betrifft, nenne ich als aufwühlende Illustration die Gespräche, die *Rubin* in ihrem Buch »Met pijn en moeite« (mit Schmerz und Mühe) mit Männern und Frauen über ihre eigenen Erfahrungen geführt hat[4].

Die Autoren, die sich über Feminismus und Sozialismus äußern, wollen analysieren, wie Patriarchat und Kapitalismus ineinandergreifen und sich gegenseitig verstärken; sie kommen zur Schlußfolgerung, daß sich Feminismus (als Kampf gegen das Patriarchat) und Sozialismus (als Kampf gegen den Kapitalismus) bedingen, wenn wir je zu einer humanen Freiheit für alle gelangen wollen. Der wirtschaftliche Sieg des Patriarchats über die Frau muß sich zu einer Zeit vollzogen haben, wo die Viehzucht eine wichtige Rolle zu spielen begann – dadurch konnte der Besitz vermehrt werden – und Erbschaften vom Vater auf den Sohn übergingen. Der Kapitalismus ist unter anderem dadurch gekennzeichnet, daß – vor allem durch den Einzug der Maschine in die Arbeitswelt – zwei sich gegenüberstehende Klassen entstehen: die Besitzer der Produktionsmittel und das Proletariat. Die Menschen, die etwas machen, werden von ihren Produkten getrennt; sie haben kein Eigentum an ihnen und kein Recht, darüber zu verfügen.

Wenn ich es richtig sehe, lehnt sich der Feminismus an drei Fronten gegen den Kapitalismus auf:

a. Gegen die Art, wie die Haushalte und die Haushaltsarbeit organisiert worden sind: nämlich ausschließlich individualistisch, um den Konsum möglichst hoch emporzutreiben, und deshalb ohne kollektive Einrichtungen, die der Hausfrau die Zeit zur persönlichen Entfaltung geben würden.

b. Um es mit *Anja Meulenbelt* auszudrücken: wenn der Mann seine Arbeitskraft zum Kauf anbietet, verkauft er damit gleichzeitig die Arbeit seiner Frau. Das heißt: Arbeit im Haushalt, die Sorge für Mann und Kinder, die kompensatorische Funktion von Geselligkeit und Geborgenheit zuhause, kurzum die Reproduktionssphäre, liefern einen wichtigen Beitrag zum Berufsleben und zur Produktion und unterstützen damit das kapitalistische System.

c. Gegen die verletzbare Stellung der Frauen, die Lohnarbeit verrichten (oft Teilzeitarbeit; fast immer Doppelbelastung von »Zuhause« und »job«).

Die Überzeugung wächst, daß der Feminismus den Sozialismus braucht, weil die Frau im kapitalistischen System unsichtbar gemacht, privatisiert und sowohl im Reproduktionssektor wie manchmal zusätzlich im Produktionssektor ausgebeutet wird. Haushaltsarbeit war immer unsichtbar und unbezahlt; aber damit machen Frauen die erobernde und kreative Rolle des Mannes, die auf einer Pyramide von Frauenarbeit aufbaut, überhaupt erst möglich. Daraus ergibt sich die Notwendigkeit, daß Haushaltsarbeit kollektiviert und professionalisiert werden muß. Ebenso besteht die Überzeugung, daß der Sozialismus den Feminismus braucht, um den Mann von seiner Macht und die Gesellschaft von der Zweiteilung in Mann und Frau zu befreien. Der Mann muß im Reproduktionssektor mitarbeiten wollen; mit der Frau drinnen im Haus so gut wie mit der Frau außerhalb des Hauses[5].

3. Gegenkultur

Ich will hier noch einen Augenblick bei den Ideen von *H. Marcuse* über Feminismus und Marxismus verweilen. Sie sind von direkter Bedeutung für unsere späteren theologischen Überlegungen und bilden einen harmonischen Übergang zum dritten Aspekt des Feminismus: zum Feminismus als Kulturkritik. Marcuse legt eine Art Glaubensbekenntnis an die radikalen Möglichkeiten der Frauenbefreiungsbewegung als einer vitalen Kraft für die Verwandlung unserer Gesellschaft ab. Frauen sind keine Klasse im marxistischen Sinn des Wortes; das Geschlecht geht durch alle Klassen hindurch, aber Frauen werden auch von ihrer Klasse konditioniert. Die Befreiung kann nur durch eine Veränderung im ganzen sozialen System erreicht werden.

Seine Hypothese ist die: es sprechen keine wirtschaftlichen Gründe dagegen, daß der Kampf um die Gleichberechtigung nicht auch innerhalb eines modifizierten kapitalistischen Systems stattfinden könnte. Das zweite Stadium, »beyond equality« (über die Gleichberechtigung hinaus), setzt jedoch den Aufbau einer Gesellschaft voraus, in der eine andere Art von Realitätsprinzip herrscht, nämlich das der Beziehung zwischen männlichen und weiblichen Menschen. In der Frauenbewegung ist das Bild einer Veränderung des Bewußtseins, der Befreiung vom Bedürfnis nach Herrschen und Ausbeuten, enthalten. Feministischer Sozialismus ist eine besondere Form von Sozialismus; er transzendiert ihn. In einem solchen Sozialismus sieht Marcuse die Möglichkeit zu einer qualitativ anderen Gesellschaft, in der das Leistungsprinzip nicht mehr vorherrscht. Der Feminismus kann zu einem neuen Realitätsprinzip beitragen, und die Frauenbefreiungsbewegung erscheint so als die revolutionäre Funktion des Weiblichen beim Aufbau einer neuen Gesellschaft[6].

Das Träumen von gesellschaftlichen Alternativen hat der Feminismus natürlich nicht für sich gepachtet. Es gibt eine ganze Anzahl von Gegenkulturen, die nach mehr Menschlichkeit statt Sachlichkeit rufen; die den Akzent vom Produkt, von der Leistung und vom Wettbewerb auf den Prozeß verlegen wollen, in dem Menschen in gemeinsamer Verantwortung miteinander kommunizieren und zusammenarbeiten; die Macht als menschliche Fähigkeit zum verantwortungsvollen Entscheiden verstehen und sie teilen wollen; die den Schwerpunkt von der Technik als Selbstzweck auf ihre menschenwürdige Anwendung, die wir erst lernen müssen, und auf die Ökologie verlagern wollen.

Das teilt der Feminismus in seinen besten Formen mit anderen Gegenkulturen. Dennoch scheint mir der Feminismus die fundamentalste Bewegung zu sein, weil all die genannten Formen der Herrschaft und Unterdrückung von Menschen durch Menschen soziale Ausdrucksformen jenes Dualismus sind, der am meisten in die Tiefe geht: der Erhebung des männlichen Geschlechts über das weibliche. Die noch immer gültige sexistische Doppelmoral ist ein unwiderlegbares Symptom für diesen Sachverhalt. Eben darum hänge ich so am Begriff »Feminismus«, denn er macht klar, woher der Protest der Frauen rührt. Damit ist nicht gesagt, daß wir nun alle Schuld und jede Ursache außerhalb von uns selbst suchen, denn vor allem die middle-class-Frauen haben es sich in der ihnen auferlegten, aber nicht immer unkomfortablen Stellung allzulange wohlsein lassen und tun das zum Teil noch heute. Schon das bloße Wort »Feminismus« läßt Menschen rot anlaufen, reizt sie und verursacht Widerstand. Solche Gefühle können viel über die Personen, die sie empfinden, aussagen – sei es, daß sie den Schrei von Zorn und Empörung nicht verstehen, sei es, daß sie sich davon bedroht fühlen.

Andererseits tun Feministinnen gut daran, Einkehr zu üben und in einer Gewissenserforschung zu überprüfen, ob wir den Werten, die wir bekennen, auch wirklich treu bleiben; ob wir beweglich genug sind, um uns verändern und wachsen zu können, wenn wir auf neue Aspekte und Faktoren stoßen; ob die Art, wie wir vorgehen und uns äußern, und die Methoden, die wir für unsere Befreiung anwenden, modellhaften Charakter haben und etwas von den Idealen zum Ausdruck bringen, die uns auf die Beine gebracht haben. Natürlich ist die Frauenbefreiungsbewegung in ihren Ausdrucksformen höchst unterschiedlich, und natürlich darf sie auch einmal Fehler machen. Aber sie wird sich wohl nur halten können, wenn sie auch eine geistige Bewegung sein will, wenn es ihr letztlich um eine Qualität des »Seins« und nicht nur ums »Haben«

geht. Zu dieser Seinsqualität gehören ein größeres Maß an Toleranz für dle, die nicht so denken wie »wir«, und eine Befreiung von jeder Form von Dogmatismus.

II. Feminismus und Theologie

Weckt schon das Wort »Feminismus« die unterschiedlichsten Gefühle von der Anerkennung bis zum Widerstand, so ist »feministische Theologie« ein Begriff, der noch mehr Frage- und Ausrufezeichen verursacht. Im Rahmen dieses Büchleins, das eine knappe Einführung geben will, ist es natürlich unmöglich, die feministische Theologie vollständig zu skizzieren. Zudem stehen wir ja erst am Anfang einer Bewegung, die sich noch vollauf in Entwicklung befindet. Dennoch will ich probieren, einige konkrete Züge der feministischen Theologie nachzuzeichnen und zu sagen, was feministische Theologie nicht ist und was sie sein will oder doch zu sein beabsichtigt[7].

1. Was ist feministische Theologie?

Feministische Theologie ist ein Beispiel für eine sogenannte Genitiv- oder Kontext-Theologie. Eine Genitiv-Theologie, weil sie eine Theologie der Feministinnen ist. Sie, aufständische Frauen, sind Thema und Subjekt dieser Theologie und machen ihre Beziehung zu Gott und zum Göttlichen zum zentralen Objekt ihrer Theologie. Aus dem ersten Kapitel dieses Büchleins ist sicher klar geworden, daß es sich bei der feministischen Theologie nicht um eine »weibliche« Theologie, was immer das sein möge, handeln kann. Wir können auch von einer Kontext-Theologie reden. Damit meinen wir, daß das Erlebnis von Unterdrückung und Einschränkung, die Erfahrung der Befreiung und des Kampfes, sich selber zu werden, die Freude über ein neues Lebensgefühl, aber auch die Solidarität mit allen andern Unterdrückten in der Gesellschaft sowie das leidenschaftliche Suchen nach neuen menschlichen Verhältnissen den Kontext dieser Theologie bilden. Die Fragen ergeben sich aus diesem Kontext heraus; von ihm gehen das Denken, Reden und Handeln aus.

Wenn wir Theologie als »das Reden des Menschen von seinem Gottesverlangen«[8] (und von *ihrem* Gottesverlangen, füge ich gleich hinzu) umschreiben können, dann läßt sich das auch von der feministischen Theologie sagen: auf ihrem Weg der Bewußtwerdung machen aufständisch gewordene Frauen Erfahrungen der Transzendenz, wenn sie ihre Ketten zerbrechen, mit denen sie sich gefesselt fühlten. Dadurch treten sie in einen neuen Raum ein, wo sie die Arme in die Luft werfen, den Kopf emporheben und ausrufen können: hier bin ich, ich darf so sein, wie ich bin ... (Bei der Eröffnung der zweiten »Women Ordination Conference« 1978 in Baltimore sind in der Tat die Ketten zerbrochen worden, die zuvor Hunderte von Teilnehmerinnen bei ihrem Zug durch die Stadt mit sich geschleppt hatten.)
Die Erfahrung der menschlichen Würde ist eine Urerfahrung, die mit den Wurzeln unseres Seins zu tun hat. Die Annahme und die Bejahung seiner selbst können die Bedingungen oder der fruchtbare Nährboden für eine erwachsenere Glaubenshaltung werden. »Wer sollte an Gott glauben können, ohne an sich selber zu glauben?«, fragt sich eine gläubige Feministin[9]. Die Menschwerdung von Frauen (und anderer Unterdrückter) schließt die Suche nach einer neuen Beziehung zu Gott mit ein; sie wird in einer Bestätigung des Seins erfahren und zum Durchgang zu einem Neubeginn in größerer Authentizität werden.
Es ist nicht die größte Sorge der Feministinnen, den Glauben aufrechtzuerhalten, daß Gottesliebe zuerst einmal Selbstverleugnung voraussetzt. Im Gegenteil. Was sie erfahren, ist ja gerade das Angenommenwerden: sie dürfen sein und Platz beanspruchen: sie sind der Mühe wert. Allzulang ist den meisten Frauen – subtil oder unverhohlen – Selbstverleugnung als selbstverständliche Tugend gepredigt worden, ohne daß ihnen vorher das nötige Wachstum, um sie selber zu werden, gegönnt gewesen wäre.
Wir können auch Bilder verwenden, die uns vertraut sind, jetzt aber eine neue Bedeutung bekommen: der Kontext der feministischen Theologie hat mit Aus-Zug, Durch-Zug und Ein-Zug zu tun.
Aus-Zug aus allen uns von außen auferlegten Einschränkungen, die uns festgehalten haben; Exodus aber auch (und dem begegnen wir in der Literatur weniger) aus der Versklavung an den Komfort, der uns – wenigstens den middle-class-Frauen – im Tausch gegen die Unfreiheit und die Ruhe, in der wir nicht gestört zu werden wünsch(t)en, angeboten wurde: die Fleischtöpfe Ägyptens!
Durch-Zug: ein Zug durch eine Wüste, die wir nicht kennen und wo

wir am Rand einer Kultur leben, die wir ablehnen, in der wir aber gerade noch genug Spielraum haben, um an einer neuen zu bauen; ein Zug auch nach innen, um in uns selbst hineinzuschauen und uns zu bestärken, ohne die Selbstkritik dabei zu unterlassen; ein Zug durch eine Wüste, in der es manchmal zum Verzweifeln ist und wir den Weg verlieren, in der aber jedes gegenseitige Erkennen, Annehmen und Verstehen wie Wasser aus dem Felsen und Manna vom Himmel ist.

Ein-Zug, wenigstens der Traum davon; die Hoffnung auf Schalom; der Glaube: »hier ist nicht Jude noch Grieche, hier ist nicht Sklave noch Freier, hier ist nicht Mann noch Frau« (Gal 3,28); der Traum, daß niemand auf Kosten eines anderen leben will; die Hoffnung auf das Reich Gottes.

Es ist klar, daß diese Phasen nicht in einer systematischen und übersichtlichen Abfolge stehen; es gibt Rückfälle und Sprünge nach vorne, und die Linien können sogar zweideutig und verwirrend durcheinander laufen. Wir können diese Entwicklung noch mit einem anderen Bild zum Ausdruck bringen: mit der Erfahrung der Befreiung als einer »neuen Geburt« (auf diese Weise ist für die Dichterin *Henriette Roland Holst* der Sozialismus eine Wiedergeburt, eine »Neue Geburt« – so heißt ihr Gedichtband von 1902 – gewesen). Mit dieser Geburt vollziehen wir unseren Eintritt in die Schwesterlichkeit als einer lebendigen, nährenden und inklusiven Gemeinschaft.

So ungefähr sieht der Kontext aus, der die Matrix oder den Mutterboden bildet, aus dem die feministische Theologie hervorkommt, oder besser gesagt: von dem Feministinnen in ihrem theologischen Denken ausgehen. Dabei können wir verschiedene Ansätze feststellen, von denen ich nur die beiden wichtigsten nennen will:

1. Der erste ist der Ausgangspunkt jener Theologinnen, die in der jüdisch-christlichen Tradition drinbleiben wollen und weiterhin an die dauernde Gültigkeit der Gottesoffenbarung in dieser Tradition glauben. Den Inhalt dieser Offenbarung, wie er aufgeschrieben und uns überliefert worden ist, wollen sie jedoch von zeitgebundenen und vor allem von maskulinistischen Zutaten und Entstellungen entkleiden und um das bereichern, was im Leben von Frauen erst heute zur Entfaltung und zum Ausdruck kommt. Es geht somit um ein neues Verstehen, eine neue Hermeneutik und eine neue Interpretationsmethode aufgrund der Ahnung, daß Gottes Wort keine Unterdrückung und Minderwertigkeit der Frau beinhaltet, und daß sich dafür auch niemand auf göttliches Recht berufen kann. Es

scheint mir, daß sich *Letty Russell und Rosemary Ruether* zu diesem ersten Ansatz bekennen. Das gilt wohl auch für *Phyllis Trible*, die sich schon seit Jahren mit einer feministischen Lektüre der Bibel beschäftigt und in ihrem letzten Buch dazu schreibt: Der patriarchalische Stempel, der der Bibel aufgedrückt worden ist, läßt sich nicht mehr entfernen; aber Kontexte können Texte verändern und sie aus eingefrorenen Bedeutungszusammenhängen befreien.

2. Die zweite Möglichkeit besteht darin, daß sich Frauen lieber außerhalb ihres kulturellen, theologischen und kognitiven Milieus stellen, es der Kritik unterziehen, neue Fragen im Bezug auf die Gotteserfahrung stellen und versuchen, darauf auch neue Antworten zu finden. Diese Antworten entnehmen sie weniger der gängigen Theologie und Philosophie als den Mythen, Symbolen und Bildern. Diese Feministinnen erleben ihren Weg »pregnant with possibility«, schwanger mit Möglichkeiten. Alles ist offen, und die Zukunft wird neue Wege weisen. In der feministischen Theologie wird diesen Möglichkeiten eine eigene Autorität zugesprochen. Diesen Aspekt hat *Peggy Ann Way* in einem Artikel über die Frau im Amt mit dem Titel »An authority of possibility for women in the church« (»Eine Autorität der Möglichkeit für Frauen in der Kirche«) herausgearbeitet. Dort schreibt sie: »Ich bin froh, daß ich keinerlei Sicherheit aus der Bibel, der Geschichte, den Mythen oder den Strukturen ableite. Ich bin froh über mein heutiges Verständnis, daß die Autorität meines Amtes in den Möglichkeiten der Zukunft und in einem Glauben wurzelt, in dem ich so tief erfahren habe, daß nichts in der ganzen Schöpfung mich ›scheiden kann von der Liebe Gottes, die in Christus Jesus ist, unserm Herrn‹ (Röm 9 39), nicht einmal die Bibel oder die Geschichte oder der Mythos oder die Strukturen oder das männliche Bewußtsein ... Ein Teil der Autorität meines Amtes liegt in der Möglichkeit, Gott aus all dem Mißbrauch zu befreien, der ihn an eine männliche Hermeneutik, an die Geschichte oder an die grammatikalische Struktur bindet«[10]. Ich glaube, daß ihr das jede feministische Theologin nachsprechen wird – auch jene, die sich mehr durch den ersten Ansatz leiten lassen. Zu dieser zweiten Gruppierung gehört in erster Linie *Mary Daly*, die ihr erstes Buch mit einem »post-christian« (nachchristlichen) Vorwort neu herausgegeben hat. Es scheint mir, daß sich auch *Sheila Collins* mehr mit dieser Richtung verwandt fühlt.

Andererseits dürfen wir dieser Einteilung nicht zuviel Bedeutung beimessen, denn soviel ich sehe, schlägt eine ganze Anzahl Theologinnen wieder andere Wege ein und bewegt sich irgendwo zwi-

schen dem ersten und dem zweiten Ansatz hin und her. Es ist nämlich ein Kennzeichen der ganzen feministischen Theologie, daß wir viel offenlassen, weil wir vor frühzeitiger Festlegung Angst bekommen haben. Dahinter liegt auch der Widerstand gegen Antworten, die wir von der alten Theologie auf Fragen bekommen haben, die wir nie gestellt haben. Darum werden wir uns vorläufig mit nur teilweisen Antworten zufriedengeben und auch manche Frage als Frage im Raum stehen lassen, solange wir uns noch auf der Suche nach der Antwort befinden.
Auch läßt sich feministische Theologie nicht als eine übersichtliche, systematische, abgeschlossene Theologie beschreiben. Sie kann das angesichts ihrer Jugend gar nicht sein, aber sie will es auch nicht sein, weil sie viel eher ein Prozeß des Theologisierens ist, ein dialektischer Prozeß von Aktion und Reflexion, der immer wieder neue Fragen aufwerfen wird. Diesen Aspekt teilt die feministische Theologie mit den Befreiungstheologien der Dritten Welt. Hier wie dort ist Leben, Erfahren und Handeln ein »locus theologicus« (ein Ort des theologischen Nachdenkens).

2. Gott und die Bilder von Gott

Ich glaube, daß *Dalys* »Beyond God the Father« (»Jenseits von Gottvater«) in seiner ganzen Radikalität wohl der Klassiker aus den Anfangsjahren der feministischen Theologie bleiben wird. Auf jeden Fall ist die Sehnsucht, über den »Gottvater« hinauszukommen und alle patriarchalischen Projektionen zu entlarven, auf unvergeßliche Weise in diesen drei Worten zum Ausdruck gebracht worden. Aber gerade weil die älteste Gotteserfahrung innerhalb dessen, was die jüdisch-christliche Tradition werden sollte, in so einfache Worte gefaßt worden ist, und dank dem Verbot, Bilder vom sich offenbarenden Gott zu machen, bestehen für Feministinnen keine Bedenken, sich dieser Gottesoffenbarung anzuvertrauen: Ich bin, der ich bin: der Seiende, die Fülle des Seins, die Quelle des Seins; ich bin da für euch, ich werde für euch da sein und ich bringe euch zum Sein.
Dank der befreienden Seinserfahrung, die Frauen heute machen, haben wir eher die Möglichkeit, uns als Teil dieses allumfassenden Seins zu erleben; und zwar sowohl in der schöpferischen Seinskraft in mir selbst wie im Lockruf des ewig Seienden, der mich aus meiner Umzäunung herausholt, mir Richtung gibt und das zur Ent-

faltung aufruft, was in uns Menschen als vorhandene, aber noch verborgene Möglichkeit schlummert. »Gott ist als Quelle aller noch nicht verwirklichten Möglichkeiten der Welt (und dem Menschen) gegenüber tranzendent, aber gerade indem er transzendiert, ist Gott immanent im richtunggebenden Prinzip, das in allen und durch alle Dinge strömt. Als Schöpfer ist Gott nicht nur transzendent, sondern auch völlig und radikal inkarniert«[11].

Für Frauen in einem Befreiungsprozeß heißt das: wenn sie dieser befreienden Stimme in sich und außerhalb von sich Gehör geben, arbeiten sie an der Verwirklichung dessen mit, was in der Schöpfung – in diesem Fall in ihnen selbst – noch beschlossen ist. Gott ist als Quelle des Seins ein Befreier auf die Zukunft hin – nicht, um das Vergangene bloß zu wiederholen, sondern um es zu verwandeln.

Die feministische Theologie legt den Nachdruck auf Gott als eine dynamische Wirklichkeit. Das ist einer der Gründe, warum *Mary Daly* den Vorschlag macht, Gott nicht mehr mit einem selbständigen Dingwort, sondern mit einem Tätigkeitswort zu bezeichnen: Sein, Seiendes, Be-ing, Sein-Werden. *Sheila Collins*[12] erzählt von einer Grailville-Konferenz von 1972, wo die Teilnehmer Gott als Knotenpunkt statt als autoritäre Spitze aller Wirklichkeit dargestellt haben. Ein zweites Bild verglich Gott mit einem Elektrizitätswerk, »the grid of being«, der Energiequelle alles Seins; die Gemeinschaft wirkt dann als erdender Grund. Die Vorstellung wurde in einem Diagramm dargestellt, in dem viele Kreise vorkommen: jeder Kreis bringt Vollkommenheit und die schöpferische Spannung von Gegensätzen zum Ausdruck. Der Kreis repräsentiert sowohl individuelle menschliche Wesen wie Gott:

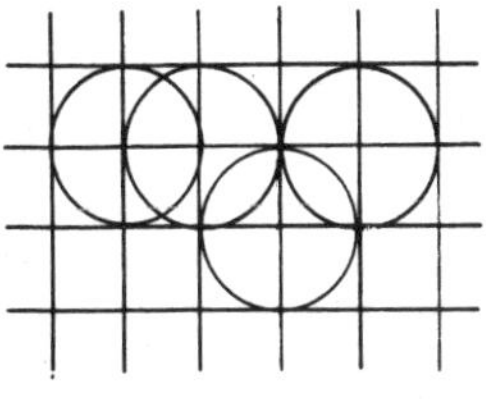

Das sind vitale Gotteserfahrungen, zu denen man mit jenen Gottesbegriffen nicht gelangen kann, die nur die Transzendenz Gottes ausdrücken, geschweige denn mit der Vorstellung eines fernen

Gottes, der sich selber genug ist. Frauen haben eine gewisse Vertrautheit mit der Immanenz Gottes und erfahren Gottes »energeia« auch in sich selbst. Sie haben deshalb Angst, Gott allzuschnell als eine Person zu bezeichnen, weil das unter anderem ein Anlaß für so viele übermäßig männliche und überlegene Gottesbilder geworden ist: Krieger, Richter, Rächer, Feldherr. Gegen diese Projektionen auf Gott, die im patriarchalischen »Gottvater« zusammengeballt sind, lehnen wir uns auf. Das drücken wir auf zwei Arten aus:

1. In der Abneigung gegen alle Bilder: Gott als Sein, Gott als Geist (*Daly*);
2. im Suchen nach neuen Bildern, die auch der weiblichen Gotteserfahrung gerecht werden.

Maria de Groot in Holland und *Phyllis Trible* in den Vereinigten Staaten sind zwei unter vielen, die in der Bibel geduldig jene andere Dimension aufspüren, die in unserem Glaubensleben verloren gegangen ist: weibliche Bilder und Motive. Trible machte sich auf die Suche nach den Elementen einer Bildsprache, die auf dem hebräischen Stamm r h m beruht: der Schoß der Frauen als Andeutung auf das Erbarmen Gottes. Sie weist darauf hin, daß JHWH dichterisch als ein Gott dargestellt wird, der schwanger ist, in Geburtswehen liegt, ein Kind gebärt und stillt[13]. Natürlich kann man auf unsere Bedenken gegenüber den projektierten Vaterbildern, die uns Gott verdüstern, einwenden, daß wir die Sache verdrehen: es sei gerade Gottes Väterlichkeit für uns Menschen, an der sich die irdische Väterlichkeit messen müsse. Aber solange wir in Holland einem modernen Dichter (*Huub Oosterhuis*) in der Kirche Sonntag um Sonntag zu Tausenden nachsingen: »Menschen sind Vater und Sohn und so geht es hin ...«[14], ohne daß jemand dagegen rebelliert, bleiben unsere emotionalen Einwände bestehen und behalten auch ihre Gültigkeit; die Gefahr einer Legitimation der bestehenden Ordnung läßt sich nicht von der Hand weisen.

3. Der Mensch als Abbild Gottes

Es gibt nur ein Abbild Gottes, den Menschen; und es gibt nur einen, der es vollkommen dargestellt hat: Jesus Christus. Lieber als mich auf die plastische Geschichte von der Erschaffung Evas zu konzentrieren und zu erzählen, was eine feministische Lektüre und Interpretation dieser Geschichte alles ans Tageslicht bringt, beschränke ich mich hier auf den zweiten Schöpfungsbericht: »Und Gott sprach: Lasset uns Menschen machen, ein Bild, das uns gleich sei, die da herrschen über die Fische im Meer und über die Vögel unter dem Himmel und über das Vieh und über alle Tiere des Feldes und über alles Gewürm, das auf Erden kriecht. Und Gott schuf den Menschen zu seinem Bilde, zum Bilde Gottes schuf er ihn; und schuf sie als Mann und Weib.« (Gen 1,26–27). Diese einfache Mitteilung bietet Frauen einen viel besseren Ansatz zu einer christlichen Lehre vom Menschen. Alle allzu menschlichen Bilder sind verschwunden; es ist keine Rede von vorher oder nachher, von oben oder unten; der Mensch ist Mann und Frau und als solche(r) Abbild Gottes, beide und jede(r) für sich. Das kann nichts anderes heißen, als daß auch in Gott etwas von der Pluralität, die in den geschlechtlichen Unterschieden des Menschen zum Ausdruck kommt, vorhanden ist. Es wäre noch näher zu untersuchen, ob Elohim – der Gottesname, der hier gebraucht wird – in der Tat einen Plural mit weiblichen und männlichen Zügen wiedergibt und ob darin eine Reminiszenz an frühere Mutterreligionen anklingt. Zudem würde es sich lohnen, der Bedeutung der Sophia (Weisheit) in den Sprüchen nachzugehen: »Der Herr hat mich schon gehabt im Anfang seiner Wege, ehe er etwas schuf, von Anbeginn her, im Anfang, ehe die Erde war ... da war ich als sein Liebling bei ihm; ich war seine Lust täglich und spielte vor ihm allezeit (Sprüche 8,22–24,20).

Noch wichtiger finde ich, daß der Begriff »Abbild Gottes« auch beinhaltet, daß der Mensch bezogen ist und durch Beziehungen Mensch wird: einerseits trägt der Mensch als Geschöpf Gottes, die Frau so gut wie der Mann, ihr / sein Zentrum in sich selbst; sie brauchen es nicht außerhalb von sich selbst in den anderen zu verlegen. Andererseits kommt der Mensch als Abbild Gottes erst in der Beziehung zu Mitmenschen zur vollen Entfaltung. Das bedeutet jedoch nicht, daß die Beziehung Mann–Frau unerläßlich wäre; es geht um menschliche Beziehungen ganz allgemein. Es setzt jedoch ein Fragezeichen hinter die Behauptung »Feminismus ist Lesbianismus«. Dazu ist dasselbe zu sagen wie zur früheren Forderung »Eine Frau muß einfach verheiratet sein«. In beiden Fällen verbarrikadieren wir uns die Möglichkeit, unser Leben in Beziehungen zu wem auch immer zu gestalten. Als Reaktion auf den älteren Dogmatismus kann ich diese »feministische« Parole schon verstehen; sie kommt aus dem Verlangen nach Gleichwertigkeit, gegenseitiger Zärtlichkeit und dem Bedürfnis, dem auch körperlich Aus-

druck zu geben. Aber die feministische Bewegung würde sich auf den Holzweg begeben, wenn sie das als allgemeine Regel durchhalten wollte.
Daß wir Abbild Gottes sind, hat auch zur Folge, daß wir capax Dei sind, das heißt dem Ruf Gottes zur Transzendenz, zur Selbstübersteigung Gehör geben können. Geschaffen nach dem Bilde Gottes, leben wir in einer auf- und niedersteigenden Bewegung von Transzendenz und Immanenz. Gerade das ist nun der Frau aufgrund ihres Geschlechtes vorenthalten worden und zwar, indem man ihr die Etikette aufgeklebt hat, daß sie dem Irdischen und Materiellen verhaftet sei. Dadurch wurde sie in einem kindlichen Stand der Unmündigkeit gehalten, in einem Zustand also, in dem die Möglichkeit, daß sich das eigene Ich über das körperliche und gefühlsmäßige Leben erheben kann, bis zum äußersten eingeschränkt war. Sie wurde immanent gehalten und dazu von einer maskulinen Kultur verurteilt, die sie zum Ding erstarren ließ (*Simone de Beauvoir*). Es ist ihre tiefe Freude, daß sie – jetzt, wo sie Subjekt geworden ist – zum Übersteigen ihrer Grenzen eingeladen wird.

4. Jesus der Mann

In ihrem Buch »Jesus der Mann« hat die Psychotherapeutin und frühere Pfarrerin *Hanna Wolff* das patriarchalische Mißverständnis von Jesus aufgezeigt. Sie behauptet, daß sich das Denken der Kirchenväter in allen existentiellen Lebensfragen in absoluten Projektionen vollzogen hat. Denn sie lebten im »Bewußtseinspatriarchat« (*Erich Neumann*), einer unintegrierten Phase des männlichen Bewußtseins. Wer sich dem Unbewußten verschließt, kann nicht zu einem klaren und umfassenden Selbstverständnis kommen und fängt an zu projizieren. Und projiziert hat man nicht nur auf Gott, sondern auch auf Jesus: er ist »zur größten Projektionswand aller Jahrhunderte geworden.« Sie will nun zeigen, wie sehr Jesus von Nazareth ein ganzheitlicher, androgyner Mann gewesen ist[15]. Die Frage nach der Bedeutung der Männlichkeit Jesu für die Heilsgeschichte der Frauen ist natürlich für die Kirchengeschichte als ganzes wichtig, aber für Feministinnen ist sie besonders akut und aktuell geworden, weil die Römische Erklärung »Inter isigniores« die Männlichkeit von Christus als wichtiges Argument gegen die Zulassung von Frauen zu den Ämtern verwendet[16]. Im Kapitel über »die Gewalt der Bilder« komme ich darauf zurück.

Wir Menschen werden das Mysterium von Gottes Menschwerdung nie einholen. Aber meines Erachtens dürfen wir schon feststellen, daß im zeitlichen, örtlichen und kulturellen Kontext ein weiblicher Erlöser unvorstellbar war. Das heißt, daß der Gestalt des Messias – jedenfalls für Frauen, die nach ihrer Identität und einem neuen religiösen Selbstverständnis suchen – etwas fehlt, das Jesus nicht zum Ausdruck bringen konnte. *Karl Rahner* warnt im Gespräch mit *Anita Röper* davor, das männliche Geschlecht Jesu zu verschleiern. Jesus war ein Mann, und dieser männliche Mensch ist die Offenbarung Gottes in dieser Welt, aber er ist das nicht, weil er Mann war. Darum kann Rahner sagen: Warum sollten wir glauben müssen, daß Gott in seiner Vereinigung mit dem Mann Jesus eine besondere »Selbstaussage« oder Selbstoffenbarung macht? Und er ist der Auffassung, daß die Frauen dazu berufen sind, dem Christus, der mit der ganzen erlösten Menschheit identisch ist, das zuzufügen und das einzubringen, was Jesus in der Beschränktheit seiner menschlichen Existenz nicht verwirklichen konnte[17].
Somit dürfen wir sagen, daß die Befreiung von Frauen zu ganzheitlichen, leiblich/seelischen Menschen ein Ausdruck für die fortlaufende Menschwerdung Gottes ist. Sie sind die Hälfte der kirchlichen Gemeinschaft, die ja die Aufgabe hat, das Werk Christi fortzusetzen. Darum geht es nicht an, Frauen im Dienst an der Kirche unter Berufung auf den männlichen Jesus die Flügel zu stutzen. Denn letztlich geht es um die Berufung auf den auferstandenen Herrn, den Christus, der eine Glaubenswirklichkeit ist und sich nicht auf seine Sexualität beschränken läßt.
Diesen Gedankengang will ich noch um die Vorstellung von »Jesus Sophia« ergänzen. Unter diesem Titel hat *Felix Christ* eine wichtige Dissertation geschrieben[18]. Darin behandelt er die Sophia-Christologie bei den Synoptikern (den ersten drei Evangelisten) und legt dar, daß die Darstellung der Weisheit als Person in der Weisheitsliteratur des Alten Testaments die Art, wie die Evangelien von Jesus reden, wesentlich beeinflußt hat. Bei den Synoptikern tritt Jesus als Sprecher und Träger der Weisheit auf, aber zugleich auch als die Weisheit selbst. Der Autor vermutet, daß die Sophia-Christologie zu den allerältesten Christologien gehört. Erst als die Sophia-Figur von den Gnostikern übernommen und bei ihnen gebräuchlich wurde, ist sie – vielleicht gerade darum – in der Urchristenheit vermieden worden. Interessant ist auch die Frage von Christ, wieweit mit der Weisheit als christologischem Titel Vorstellungen verbunden blieben, die zur Zeit Jesu mit der Sophia as-

soziiert wurden, nämlich Bezüge zur ägyptischen Göttin Isis (für Interessenten: diese Sophia-Christologie ist hauptsächlich über Q vermittelt und bei Matthäus und Lukas gefunden worden). War Jesus also wirklich ein androgyner Mensch?
Im selben Maß, wie feministische Theologinnen die Bedeutung der Weisheit, des Geistes und die Figur der Maria ergründen, wozu sie sicher auch die Religionswissenschaft zu Rate ziehen müssen, wird vermutlich auf vieles, was noch unbekannt oder nicht zu enträtseln ist, ein helleres Licht fallen. Es dürfte sich dabei herausstellen, daß auch dieses Stück Geschichte viel stärker eine »herstory« ist, als es die offizielle Kirchengeschichte bis heute hat vermuten lassen. Ein weiteres Studium der Ketzerbewegungen und der apokryphen (nicht in das Neue Testament aufgenommenen) Evangelien wird uns auch vor die Frage stellen: wenn in ihnen die Rolle und die Bedeutung von Frauen größer und wichtiger ist als in der offiziellen Kirche und in den kanonischen Schriften, ist darin dann nicht gerade der oder wenigstens ein Grund zu sehen, warum sie eine Abfuhr erlitten haben?

5. Der Heilige Geist

Eher als zum Vater und zum Sohn haben feministische Theologinnen Zugang zu Gott dem Geist, der das Relationale (Bezogene) und Dynamische verkörpert und den Funken anzündet in dem, was sich zwischen Menschen ereignet. Sowenig ich in der pastoralen Theologie einen Nachdruck auf der Pneumatologie (Lehre vom Heiligen Geist) gefunden habe, sowenig kommt der Heilige Geist thematisch im Werk feministischer Theologinnen vor. Und doch meine ich, daß es in diese Richtung gehen muß. Der Geist von Christus, der sein Werk unter uns fortsetzt, ist erschienen, als Maria, die Apostel und die Frauen beieinander waren und warteten. Das war die Ekklesia (Kirche) in ihrer authentischsten Gestalt: betend und empfänglich für den Geist, der sie in Feuer und Flamme setzen und in ihr Leben anfachen wird, wie er es zuvor in Maria getan hat. Da erinnert sich Petrus an die alte Prophezeiung von Joel, daß alle Söhne und Töchter weissagen werden. Es ist erstaunlich, wie oft in den alten Religionen gerade Frauen von Geist erfüllt wurden und als Prophetinnen auftraten.
Ich betrachte die feministische Bewegung in ihrem besten Sinn als eine Herausforderung an die Kirche; sie ist eine »Fremdprophe-

tie«, die als geistige Bewegung auf die Kirchen einwirken kann, um sie in all ihren Ausdrucksformen zu einer Gemeinschaft von Männern und Frauen zu machen. Es sind an diesem historischen Wendepunkt gerade die Unterdrückten und Eingeschränkten, die den Kirchen zurufen: »Blast den Geist nicht aus.« Daß der Feminismus so viel am Christentum auszusetzen hat, rührt unter anderem daher, daß sich die Kirchen zu wenig »anblasen« ließen, nicht genug dynamisch blieben und das Neue Testament zu sehr als Gesetz mißbraucht haben. Wo der Geist Zugang hat, darf experimentiert werden, da hebt ein Sturm an und werden Menschen über sich selbst emporgehoben. Der Kirche sind das Charisma und die Konsequenzen von Pfingsten immer unheimlich gewesen. »In der Frauenbefreiung gehört Pfingsten uns, auch darum, weil hier die, die zuvor verstreut und abgetrennt waren, im Dunkel lebten und nicht gehört wurden, in die Macht eingesetzt werden. Wann immer Frauen zusammenkommen und sich Zeit füreinander nehmen, machen sie die Erfahrung, daß in ihnen etwas frei wird: wie von einem kräftigen Windstoß angefacht und wie durch Flammen und Feuer, die jede von ihnen ergreifen, äußern sie sich, warmgeworden, in einer neuen Sprache und mit unbekannten Worten, weil jede den Mut gefunden hat, ihre Gedanken zum Ausdruck zu bringen in ihrer eigenen authentischen Sprache. Über die Barrieren von Alter, sozialer Klasse, Kultur und Rasse hinweg sprechen sie und wird ihnen zugehört. Die üblichen Hierarchien stürzen ein, wenn die Stimmlosen ihre Stimme und die Machtlosen Macht finden«[19]. In der Tat: Feuer und Sturm, die Taube und der Tröster wecken in uns eher Gotteserfahrungen als die Bilder vom Vater und vom Logos. Ihnen verdanken wir Vitalität und neues Leben.

6. Der Traum von der Ganzheit

Wenn ich hier über Ganzheit schreibe, will ich zuerst darlegen, um welche Art Ganzheit es sich handelt ... Das Wort »Ganzheit« ist in diesem Büchlein schon früher gefallen: »wholeness« ist ein Lieblingsbegriff der feministischen Literatur, dem wir häufiger begegnen als dem der Totalität. Obwohl damit meiner Meinung nach dasselbe gemeint ist, wähle auch ich die Ganzheit, weil Totalität die Gefahr der Ideologie mit sich bringt und uns an totalitäre Systeme erinnert.
Ganzheit: die spannungsvolle Einheit einer Vielzahl von Eigen-

schaften und Werten, die bis heute getrennt über die beiden Geschlechter und auch über die östliche und westliche Kultur verteilt waren. Mit anderen Worten: das Streben nach Ganzheit besteht darin, daß ein Mensch zu einer möglichst großen Integration von all dem kommt, was sie / er in sich als Potential zur Verwirklichung antrifft. Es geht also um eine spannungsvolle Einheit und nicht um eine bequeme, nur für mich allein zu realisierende Harmonie der Gesundheit, der Erlösung von allen Widerwärtigkeiten und der ausschließlichen Selbstentfaltung. Denn da gibt es noch das Problem des Bösen, des Leidens im körperlichen und geistigen Sinn. Ganzheit beinhaltet deshalb auch das Annehmen der eigenen Grenzen, das Lebenkönnen in der Ambivalenz und – in sozialen Dimensionen gedacht – das Bejahen der endlosen Unterschiede zwischen Menschen und Kulturen, damit jede(r) sie / er selber sein darf, ohne daß die eine Person, die eine Rasse, das eine Geschlecht, die eine Kultur die oder das andere beherrscht.
Der Traum von der Ganzheit – theologisch gesprochen: vom Ganz- und Heilsein des Reiches Gottes – will keine Rückkehr ins Paradies der ursprünglichen Unkompliziertheit. Nein, wir mußten aus dem Paradies heraus; Eva mußte den Unterschied zwischen Gut und Böse kennen und mit ihrer menschlichen Ambivalenz leben lernen. Nur so können wir auf eine Ganzheit zuwachsen, die reicher ist als die, die uns der Garten Eden geben konnte. Das Ganzsein, das wir suchen, ist die erfüllte Ganzheit, die auf die Kompliziertheit folgt, durch die wir hindurch müssen. Ganzheit also erst nach dem Durch-Zug und nicht für mich allein, sondern für jede Person und die ganze Gemeinschaft. Diese Ganzheit von und zwischen Menschen wird erst möglich, wenn zwischen Menschen Versöhnung stattfindet, in unserem Zusammenhang: Versöhnung zwischen den Geschlechtern, nachdem jedes von ihnen zu seiner eigenen Reise von Auszug und Einkehr, Durch-Zug und Traum, bereit war. Erst dann, wenn jedes Geschlecht sich seines eigenen Versagens gegenüber dem anderen bewußt geworden ist, kann uns ein Schalom geschenkt werden.

7. Kirche als Schwesterlichkeit

Seit dem Zweiten Vatikanischen Konzil ist der Idee der Kirche als Brüderlichkeit wieder viel Aufmerksamkeit zugekommen. Aber selbst männliche Theologen begreifen, daß wir damit erst auf halbem Wege sind. So schreibt *Yves Congar*: »Es geht nicht bloß darum, den Frauen in einer Kirche, die weiterhin von Männern dominiert bleibt, ein bißchen mehr Platz zu machen; es geht darum, in der Kirche auf angemessene Weise der menschlichen Wirklichkeit Gestalt zu geben, daß er ›sie als Mann und Weib‹ schuf«[20].

Ich denke hier an die Idee der »sisterhood«, der Schwesterlichkeit, wie sie *Daly* entwickelt hat, und die in einer Ekklesiologie (Lehre von der Kirche), die auch für Frauen annehmbar sein soll, eine wichtige Kategorie werden muß. Für Daly ist es nicht so, daß die Kirche der Ort par excellence wäre, an dem Schwesterlichkeit zu verwirklichen ist; sie kehrt die Rollen um: Schwesterlichkeit ist Kirche, nämlich ein »Raum, ein heiliger Raum«, separat und der sexistischen Kirche abgerungen, in dem Frauen sie selber werden und sich übersteigen können. Sie betrachtet Schwesterlichkeit auch als eine charismatische Gemeinschaft, in der Frauen ganz werden und sich prophetisch gegen alle enthumanisierenden Strukturen erheben. Schwesterlichkeit ist zudem eine Exodus-Gemeinschaft, die 1971 mit dem Exodus aus der Memorial Church symbolisch ihren Anfang genommen hat (mit dieser Handlung sind Frauen aus dem Land der Väter ausgezogen, um die unerfüllten Möglichkeiten ihrer Vormütter zu verwirklichen). Schließlich ist Schwesterlichkeit eine Gemeinschaft mit einer Sendung, nämlich der Aufgabe, die Frohe Botschaft der Befreiung zu verkünden. Durch all das wirkt Schwesterlichkeit als kritische Instanz gegenüber der institutionalisierten Kirche und weist diese auf ihre eschatologische (endzeitliche) Dimension hin[21].

Von hier aus läßt sich begreifen, daß radikale Feministinnen kaum den Wunsch verspüren, sich besonders mit der Frage nach der Frau in den Ämtern zu beschäftigen. Denn sie möchten die bestehenden Ämter, wie sie heute in den kirchlichen Strukturen aussehen, ja gar nicht bekleiden. Kirche ist für sie eine andere Wirklichkeit geworden, und sie halten nichts von einer rigiden kirchlichen Ordnung. Dem steht eine andere Sicht gegenüber; hier geht man davon aus, daß sich von innen her Terrain gewinnen läßt, wenn man nur kritisch und wachsam genug innerhalb der bestehenden Kirche ans Werk geht. Untereinander verstehen sich diese verschiedenen Betrachtungsweisen gut. Darum geht der Kampf um die »Zulassung« zu den Ämtern weiter, vor allem über die amerikanische »Women Ordination Conference«, die zu ihrer zweiten Konferenz in Baltimore vom November 1978 (nach der ersten Konferenz 1975 in Detroit) auch Frauen aus Südamerika und Europa

eingeladen hat. Für ihre dritte W. O. C. vom Herbst 1980 in Rom will sie einen Aufruf an Frauen in der ganzen Welt richten.
Auch im Hinblick auf die Formen des Amtes und seine Ausübung sollten wir sorgfältig auf das lauschen, was uns der Geist an Beweglichkeit, Phantasie und Improvisation einflößt. Das bringt unter anderem ein neues Verständnis der Tradition mit sich, die noch heute gegen Frauen ausgespielt wird, auf jeden Fall in jenen Kirchen, in denen ihnen die Ämter noch nicht offenstehen. Die verschiedenen Studien des Weltkirchenrats zu diesem Problem können dafür ein wertvolles Hilfsmittel sein[22].

8. Ethische Fragen

a) Rund um die menschliche Sexualität

Rosemary Ruether und *Eugene Bianchi* haben für ihr fesselndes Buch »From Machismo to Mutuality« (»Vom männlichen Überlegenheitsdünkel zur Gegenseitigkeit«; der Titel gibt eigentlich die Zielsetzung der Frauenbefreiungsbewegung wieder!) zwei Beiträge über die Humanisierung der menschlichen Sexualität verfaßt, die ich allen von Herzen zur Lektüre empfehlen möchte[23]. Schon die Titel geben die Richtung ihrer Darlegungen an: »The personalization of sexuality« (»Die Personalisierung der Sexualität«) und »Psychic celibacy and the quest for mutuality« (»Seelischer Zölibat und die Suche nach Gegenseitigkeit«). Beide gehen von der gleichen Wahrnehmung der Unfähigkeit zu oder der Angst vor persönlichen Beziehungen bei sexuellen Erlebnissen aus, die ich bereits im Kapitel über den Feminismus beschrieben habe. Natürlich weisen nicht alle Männer diese Unfähigkeit auf, aber sie scheint doch ein Merkmal einer maskulinistischen Gesellschaft zu sein, in der die menschliche Sexualität auf den Konsum von Sex reduziert wird.
Die Sexualität ist das Opfer der Angst vor Liebe, Beziehungen und Hingabe geworden. Deshalb ist die Sexualität, gemäß Ruether, abgewertet worden mit dem Zweck, sich gegen die Herausforderung zur Liebe abzuschirmen. Ihre Erniedrigung hat zunächst dadurch stattgefunden, daß der Körper und seine Lust im Namen der Askese bezwungen werden mußten. Heute vollzieht sie sich in der sogenannten sexuellen Befreiung, wo für den Geist kein Platz übrigbleibt. »One makes love with genitals not with selves« (»Man

macht Liebe mit den Genitalien und nicht mit dem ganzen Selbst«); der Orgasmus (je mehr und je vollkommener desto besser) wird eine Leistung und ein Produkt von größter Wichtigkeit, auf das auch die Porno-Industrie abzielt.

Erst auf der Einsicht, daß wirkliche, auf die Person bezogene Beziehungen zwischen den Menschen notwendig sind, kann eine Sexualethik aufgebaut werden, die nicht nur im Hinblick auf die Authentizität jeder(s) einzelnen, sondern auch im Hinblick auf die gegenseitige Verantwortung richtungsgebend ist. Und erst von daher rücken Fragen über die Institution der Ehe, Treue für das ganze Leben, Ehescheidung und Homosexualität / Lesbianismus ins rechte Licht.

In diesem Zusammenhang will ich noch auf das Büchlein von *Gollwitzer* über das Hohelied zu sprechen kommen. Er zeigt darin, daß eine ausschließlich übertragene Interpretation, die im Hohelied nur den Ausdruck der Liebe Gottes zu seinem Volk sehen will, das zukurzkommen läßt, was es ursprünglich ist und bleibt: ein Liebeslied, ein Lied über eine verrückte Verliebtheit und die Sehnsucht, sie auch körperlich auszuleben statt die Leidenschaften zu mäßigen oder auszulöschen. Zum Glück hat dieses Lied seinen Platz in der Bibel gefunden, denn gerade hier kommt auch die Gleichwertigkeit von Mann und Frau zum Ausdruck: unbefangen werden das Liebesverlangen und die Liebesäußerungen sowohl des Jungen wie des Mädchens besungen. Hier ist in der Tat vom Geschenk der menschlichen Sexualität die Rede[24].

b) Sozialethik

In der feministischen Theologie werden zwei Punkte mit Nachdruck betont:

1. »Vergewaltigung« als Grundhaltung führt zur Unterdrückung und Ausbeutung von allem und jedem und beraubt es seiner Kräfte;
2. »Androgynie« gibt die Richtung an, in der wir eine Ethik der Gleichwertigkeit suchen.

Es fällt auf, daß sich die feministische Theologie von Anfang an nie auf die Frauenbefreiung beschränkt, sondern sie immer in einem größeren Kontext gesehen hat. In der »Unheiligen Dreieinigkeit« von Vergewaltigung, Krieg und Völkermord (*Mary Daly*) gibt die Vergewaltigung das Muster für die Art und Weise ab, wie Menschen miteinander umzugehen drohen: jemanden unten halten;

Menschen keinen Raum geben, um zu leben oder sich als Mensch zu entfalten; eigene Interessen auf Kosten anderer durchsetzen; gewalttätig in das Leben von Menschen, Stämmen und Völkern eindringen und sie verstümmeln, beschädigen und ausrotten. Das gilt auch für die Art, wie wir mit Mutter Erde umspringen; die maskuline Kultur kennt nur einen Gott: den technischen Fortschritt. Um seinetwillen dringt diese Kultur gewaltsam in den Schoß der Erde ein und vergewaltigt sie. Damit mißachten wir das Geschenk der Schöpfung, die uns nicht mit dem Gebot anvertraut worden ist, sie zu beherrschen und zu ihrem eigenen Schaden zu unterwerfen, sondern mit dem Auftrag, sie zu verwalten und zu bewahren[25].

Es ist sicher nicht erstaunlich, daß die feministische Theologie eine Ethik sucht, die auf eine androgyne Erfüllung der Schöpfung abzielt. Androgyn ist hier sowohl wörtlich wie übertragen gemeint. In diesem Begriff ist auch die Vorstellung der Gegenseitigkeit in all unseren Beziehungen und in unserem Umgang mit der Natur und der Materie enthalten, sowie das Suchen nach Offenheit und Empfänglichkeit für alles »andere« und für eine andere Kultur. *Harvey Cox* schreibt irgendwo: »Indem das Christentum Frauen ausgeschlossen und Heiden verfolgt hat, war es mit dem Kampf gegen unterdrückte Dimensionen in der westlichen Seele selbst beschäftigt. Und das ohne Erfolg, darf man wohl sagen. Ein Denken und Handeln in Richtung auf Ganzheit und Androgynie könnte dazu führen, daß der religiöse Geist des Westens, der so nach außen gekehrt ist, so zum Räsonnieren, zur Transzendenz und zum Aktivismus neigt, sich etwas vom östlichen Gefühl für Innerlichkeit, Empfänglichkeit, Immanenz und Dulden zu eigen macht«[26].

Auch *June Singer* weist in ihrem wichtigen Buch über Androgynie auf den Reichtum der östlichen Kultur hin, die danach strebt, das dualistische Konzept von Geist und Körper aufzuheben und dafür auch entsprechende Riten kennt. Zurecht warnt sie jedoch davor, daß wir in unserer westlichen Kultur in die Falle hineinlaufen, die Praktiken des Ostens nachzuahmen; denn diese sind ja aus dem Mutterboden einer anderen Kultur gewachsen. Wir müssen in unserer Kultur die Ingredienzien suchen, die wir »für unsere eigene Alchemisten-Arbeit« brauchen[27]. Es bleibt uns nicht erspart, unsere eigenen Wege zu finden, um unsere Dualismen zu übersteigen, uns des Einen, des Großen Ungeteilten, bewußtzuwerden und zu versuchen, zu einer Vereinigung der Gegensätze in uns selbst zu kommen. Bei diesen Worten von Singer geht mir auf, daß die Bezeichnung »coincidentia oppositorum« (»das Zusammenfallen der Gegensätze«), die *Nikolaus von Cues* für Gott verwendet, hier auf eine überraschende Weise zurückkehrt.

9. Zum Abschluß:

a) Kritische Fragen

Die Figur von *June Singer* ist ein guter Übergang, wenn wir uns als Feministinnen selber ein paar kritische Fragen stellen wollen. Auch sie betrachtet die Frauenbefreiungsbewegung als eine notwendige Erscheinung, nicht zuletzt weil sie weitere Kreise zieht und ein Stimulans zum Freiwerden all jener Werte und Kräfte werden kann, die in der westlichen Kultur »weiblich« wurden, obwohl sie natürlich allgemein menschlich sind. Singer macht sich jedoch Sorgen darüber, daß sich der Feminismus im Moment stark polarisierend auswirken kann, weil wir das Gegenüber von Frauen und Männern so sehr betonen. Zudem ist der Feminismus aus der Entdeckung heraus, daß das Persönliche auch eine politische Bedeutung hat, eine kämpferische und manchmal aggressive Bewegung geworden. Oft scheint er in seinem Auftreten das Lügen zu strafen, was er selber verteidigt: eine Aufwertung all jener Werte, die bis heute dem einen Geschlecht als Verpflichtung auferlegt wurden, während sich das andere davon entbunden fühlte. Der Feminismus will eine Lebens- und Seinsqualität erreichen und muß dafür kämpfen; er will am Weiblichen und Männlichen vorbei zum ganzheitlich Menschlichen vorstoßen, und ausgerechnet er polarisiert zwischen Männern und Frauen ...

Meiner Meinung nach stehen wir hier vor einem Paradox, das wir aushalten müssen. Solange Frauen – hier oder in der Dritten Welt – der Raum zur Menschwerdung bestritten wird, wird es Kampf geben müssen. Solange viele Männer noch immer nichts von der Frauenbefreiungsbewegung begreifen (wollen) oder auf jeden Fall die Fäden fest in ihrer Hand behalten, wird die Polarisierung andauern. Wollen wir weiter kommen, so müssen die maskuline Kultur, Politik, Wirtschaft und die Kirchenstrukturen einsehen, daß sie mangelhaft sind und wo sie ein Defizit haben, und aufgrund der so gewonnenen Einsicht Frauen zum gemeinsamen Tragen der Verantwortung einladen.

Aber statt nur die Männer zu kritisieren, können wir inzwischen

auch etwas Selbstkritik üben. Wer kämpft, und sei es für eine noch so gute Sache, läuft Gefahr, sich darauf zu fixieren und solche Scheuklappen zu entwickeln, daß sie die Entwicklungen zum Guten, die ja auch vorhanden sind, nicht einmal mehr wahrnimmt. Oder die Sache, um die es geht, kann so absolut werden, daß sie die Schlächtung der Juden im Zweiten Weltkrieg und die »Apartheid« gegenüber der schwarzen Bevölkerung Südafrikas auf eine Linie mit der Unterdrückung der Frauen in Westeuropa stellt. Auch wenn der Unterdrückungsmechanismus immer dieselbe psychologische Struktur hat – den anderen, das andere unten halten –, spielen doch so viele andere Faktoren mit hinein, daß die Wirklichkeit sehr viel komplizierter und nuancierter aussieht.
Ein scharfes Auge für alle Nuancen bewahrt uns auf diese Weise vor einer einseitigen Selbstgenügsamkeit, ohne daß es unserer Entschlossenheit Abbruch tut. Ich hoffe, daß der Feminismus eine dynamische Bewegung bleibt und weiterhin durch die kritischen Fragen, die er an andere richtet, zur Last fällt; ich wünsche mir aber auch, daß er einer Phase der Verinnerlichung und Vergeistigung entgegengeht und kritische Fragen an sich selber stellt. Oder, um es mit *Phyllis Trible* zu sagen, daß es uns gelingt, »to hold together and in tension a variety of agenda's« (»eine Vielzahl von Anliegen sowohl zusammen, wie in gegenseitiger Spannung zu halten«).

b) Ausblick

Ohne die anderen wichtigen Aspekte dieser reichhaltigen »agenda's« (»Anliegen«) herabmindern zu wollen, glaube ich, daß feministische Theologinnen die Aufgabe haben, sich – ohne den Kontext als ganzen aus den Augen zu verlieren – auf die theologische Reflexion zu konzentrieren. Ich hoffe, daß aus dieser Einführung und den Fingerübungen, die nun folgen, ein paar Dinge klarwerden:

1. In erster Linie möchte ich, daß die feministische Theologie Sinn und Bedeutung bekommt für all jene Frauen, die von der ambivalenten Rolle, die das Christentum den Frauen gegenüber gespielt hat, tief enttäuscht sind. Es sind schon viele aus den Kirchen ausgetreten, aber ich weiß, daß weder sie noch die vielen anderen, die vor diesem Schritt noch zögern, damit ihre Sehnsucht nach der religiösen Dimension in ihrem Leben unterdrücken wollen. Wenn die

feministische Theologie ein Element des Erkennens, der Faszination und der Hoffnung in ihr und unser Herz zu bringen vermag, dann ist sie schon deswegen nicht vergebens.

2. Aber es geht noch um etwas anderes: die feministische Theologie kann auch für die Theologie als solche wichtig werden. Dafür sehe ich zwei Ansatzpunkte:
– indem sie explizit entfaltet und zur Sprache bringt, was in der christlichen Tradition implizit vorhanden, aber verborgen geblieben ist. Das meinen wir, wenn wir sagen: wir brauchen neue Augen, um zu lesen, neue Ohren, um zu hören und zu verstehen, und eine neue Erfindungsgabe, um die Perlen, die jetzt noch in ihren Muscheln verschlossen sind, aus der Tiefe zu heben. Allein schon die Kirchengeschichte könnte sich als Goldmine herausstellen ...
– indem sie neue Erfahrungen einbringt und selber darüber reflektiert. Es lagert noch viel in unserem kollektiven Unbewußten, das weiblichere Religionen, wie sie früher bestanden haben, wohl eher ins Leben rufen würden, als es die stark polarisierende, jüdisch-christliche Tradition verstanden hat. In ihrem Widerstand gegen die Nachbarreligionen ist auch das verlorengegangen, was wert gewesen wäre, behalten und verarbeitet zu werden.
Soweit sind wir noch nicht; aber es ist wichtig sich klarzumachen, daß die feministische Theologie auch eine Möglichkeit ist, die Theologie selbst zu bereichern und aus ihrer Einseitigkeit zu befreien.
Zusammengefaßt: Feministische Theologie muß feministisch bleiben und gleichzeitig immer mehr Theologie werden.

B. FINGERÜBUNGEN

I. Feminismus und die Heilige Schrift

Für »aufständische« Frauen ist die Bibel ein schwieriges Buch. Die Bücher der Heiligen Schrift tragen alle Spuren der patriarchalischen Kultur, in der sie entstanden sind. Die Bibel ist eben auch ein Niederschlag dieser Kultur – einer Kultur von Nomaden, eines unterdrückten Volkes, das sich befreit, sich kämpfend an einem andern Ort niederläßt und seine Befreiungsgeschichte dann als von Gott verursacht, verheißen und begleitet erfährt und als Heilsgeschichte erlebt. Aus der Religionsgeschichte wissen wir, daß gerade dann, wenn ein Volk nicht seßhaft ist, sondern herumzieht, vertrieben wird oder sich auf dem Auszug befindet, nicht nur die Männer und ihre »Werte« die Überhand haben, sondern auch ihr Gottesbild männlich gefärbt ist, d. h. daß die männlichen Götter dominieren. Wenn hingegen von einem gefestigten Dasein die Rede ist, wo es auf das Zusammeleben, das Wohnen, Bebauen und die Kultur ankommt, dann dominieren die sogenannt weiblichen Werte wie Erde, Haus und Herd; dann treten die weiblichen Göttinnen in den Vordergrund[1].

Aber in der Heilsgeschichte von Israel spielt noch ein anderer äußerst wichtiger Faktor mit: hier geschieht die Offenbarung des einen Gottes, der durchbricht und sich immer wieder durchsetzen will, quer zu den Religionen der benachbarten Kulturen. Die Auflehnung gegen die Götter, die zu Abgöttern werden, vor allem der Kampf gegen die Große Mutter, die Große Göttin, der wir in allen alten Kulturen unter zahllosen Namen begegnen, die Abkehr von Fruchtbarkeitsriten – das alles ist zu einem Aufstand geworden, der zweierlei Folgen gehabt hat und meiner Ansicht nach noch immer hat.

Eine günstige Folge ist die, daß der Mensch aus dem Zyklus befreit wird, in dem er oder sie geborgen, aber auch gefangen ist, aus dem mythischen Erlebnis der göttlichen oder dämonischen Kräfte der Natur, der Jahreszeiten, der Fruchtbarkeit und der Sexualität.

Der Kreis der Gemeinschaft wird aufgebrochen, der Schoß der Geborgenheit aufgeschlossen; und dieser Durchbruch wird als ein Weg erlebt, als eine Geschichte, die der Mensch selbst bestimmt, auf dem Weg in eine Zukunft, die offen liegt. Aber schon hier muß festgestellt werden, daß dieser Aufbruch aus unserer Gebundenheit auf Kosten unserer Verbundenheit mit der Natur, mit dem Rhythmus von Tag und Nacht, mit den Jahreszeiten, mit Sonne und Mond und mit unserem eigenen Körper gegangen ist. Die Polarität zwischen Natur und Geschichte, zwischen »Schoß« und »Weg«, zwischen dem Zyklischen und dem Linearen, ist verschwunden und hat sich – auch aufgrund anderer Faktoren – zu einer Polarisierung, zu einem Dualismus von sich feindlich gegenüberstehenden Kräften entwickelt.
Aber es gibt noch eine andere Konsequenz: Angst und Schauder vor der Großen Göttin, Widerwille, Widerstand und Kampf gegen die weibliche Gottheit haben einer Abwertung der Frauen und der Werte, die sie verkörperten, in die Hand gearbeitet. Das Weibliche galt nicht mehr als würdig, das Göttliche darzustellen, oder: das Göttliche konnte nur noch in männlichen Bildern erlebt werden. Und damit geriet auch die ganze Sorge und Verantwortlichkeit für alles, was die Kultur betrifft, ausschließlich in die Hände der Männer, des Stammes Levi; denn die Frau wurde nicht einmal mehr als würdig erachtet, zwischen Gott und Mensch auch nur zu vermitteln.
Diese zwei Hauttendenzen: die patriarchalische Kultur und der Kampf für den Monotheismus machen aus der Bibel ein garstiges Buch für Frauen, die endlich zu verstehen anfangen, daß sie in Heilsgeschichte und Kirchengeschichte als Subjekte kaum zum Zug gekommen sind. Aber womit haben wir denn Mühe, wenn wir die Bibel lesen, und vor allem, wenn wir sie hören, wenn das Wort laut aufklingt? Zuerst will ich aus meiner eigenen und der Erfahrung anderer Frauen ein paar Beispiele erzählen:
– Einmal mit dem Kampf, dem Krieg und dem Stolz, womit ein Volk, das sich im Aufbau befindet, andere Völker als »Feinde« niederschlägt und diesen Totschlag wie selbstverständlich von »seinem Gott« scheinbar legitimieren läßt. Ich denke hier etwa an das Buch Josua. Natürlich weiß ich, daß der Heilskern tiefer liegt, daß eine innere Kritik darin enthalten ist und daß eine tieferschürfende Exegese wirklich reinigend wirkt. Aber dennoch ... diese Geschichten werden vorgelesen, und ich kenne einige junge Leute, die dabei abschalten, weil sie allergisch sind auf einen Gewalt legitimierenden Gott und eine Kriege legitimierende Kirche.

– Oder mit der Geschichte von den Sodomitern (Genesis 19,1–12), die Lot bedrängen, ihnen die Fremdlinge, die bei ihm Gastrecht genießen, auszuliefern, damit sie mit ihnen Geschlechtsverkehr haben können. Lot weigert sich mit der Begründung: »Ach, liebe Brüder, tut nicht so übel! Siehe, ich habe zwei Töchter, die wissen noch von keinem Manne (sic!); die will ich herausgeben unter euch, und tut mit ihnen, was euch gefällt; aber diesen Männern tut nichts, denn darum sind sie unter den Schatten meines Dachs gekommen.« Die Fußnote in der holländischen Willibrord-Übersetzung sagt dazu lakonisch: die Ehre einer – vor allem einer noch unverheirateten – Frau galt damals eben weniger als die heilige Pflicht der Gastfreundschaft.
Einmal abgesehen vom Text oder der Übersetzung – es klingt, als wenn es um die erste Paarung von Tieren ginge –, ist es heute einfach unmöglich, eine solche Geschichte, in der man lieber eine Tochter vergewaltigen läßt als Gastfreundschaft bricht, im Gottesdienst vorzulesen. Wir Frauen müssen in solchen Fällen aufstehen und hinausgehen, obwohl ich weiß, wie schwer selbst das ist. Als mich diese Lesung in der Studentengemeinde von Nimwegen »überfiel«, bin ich – feige – auch nicht aufgestanden ... aber »feiern« konnte ich nachher auch nicht mehr.
– Dann fehlen mir auch die Namen von Frauen, die neben denen der Männer laut gelesen werden: Sara, Rebekka und Rahel neben Abraham, Isaak und Jakob, Mirjam neben Mose, Priscilla und Phoebe mit Paulus. Im alten Kanon wurden wenigstens noch Gottes liebe Heilige genannt, Frauen und Männer. Heute kommt in der »gesäuberten« Liturgie vieler »moderner« Liturgieverfasser nicht einmal mehr Maria vor.

1. Bibel und Liturgie

Ich denke hier also vor allem an die Bibel, wie sie in der Liturgie zum Klingen und Hören gebracht wird. In einer Lehrveranstaltung kann ein Buch noch zu seinem »Recht« kommen, weil es gemeinsam und aufmerksam gelesen und interpretiert wird. Wer die Bibel zuhause liest oder sie in der Kirche hört, bleibt jedoch oft mit den Brocken des Textes sitzen; denn es ist einfach nicht wahr, daß jeder Prediger ein guter Exeget ist, und noch viel weniger ist es wahr, daß er für die »Feinheiten«, um die es hier geht, ein Auge hätte.
In der liturgischen Feier steht die Bibel in einem Zusammenhang

der Kommunikation und des Ausdrucks durch Wort und Gebärde, durch Körperhaltung, Reden und Schweigen. Sie ist in ein gottesdienstliches Ganzes eingebettet. Deshalb muß von der Beziehung zwischen dem Sender einer Botschaft, ihrem Empfänger und der Botschaft selbst die Rede sein. Wie geht man eigentlich damit um, wenn diese Botschaft undeutlich, verwirrend und unbegreiflich ist und doch nicht näher erläutert wird? Wie sinnvoll ist eine Botschaft noch, wenn der Kommentar dazu lautet, daß ihre Verpackung und ihr Kontext kulturgebunden sind und heute nicht mehr taugen? Wie werden Frauen dazu aufgerufen, ihr Dasein in einem größeren Zusammenhang zu feiern, wenn sie nie das Gefühl haben, sich wiederzuerkennen, wenn sie die Namen ihrer Vormütter nie hören, wenn sie ohne Stimme und ohne Gesicht bleiben, ohne Spiegelbild?

2. Verschiedene Wege im Umgang mit der Bibel

Feministen (Frauen und Männer, die sich sowohl nach der Ganzwerdung ihrer selbst wie nach der Ganzwerdung Gottes und seiner Frohen Botschaft sehnen) können der Bibel gegenüber verschiedene Haltungen einnehmen; bei einer Anzahl Autoren sehen wir solche Haltungen auf unterschiedliche Weise verwirklicht.

a) Wir können die Bibel mit neuen Augen und Ohren lesen und hören. Dann fällt manchmal plötzlich – aufgrund unseres gewachsenen Bewußtseins als Frauen – ein überraschend neues Licht darauf. Ein Beispiel: Marias Lobgesang in Lukas 1, ihr Magnificat, hat für alle Unterdrückten einen neuen Klang bekommen. *Gutiérrez* nennt es in seiner Befreiungstheologie einen wahren Freiheitsgesang. Aber dann geht er an etwas Wesentlichem vorbei, weil er übersieht, daß nun gerade zweimal Frauen (zuerst Hanna, die Mutter Samuels, und später Maria) diese Worte ausgesprochen haben, um die Potenz des Mannes zu relativieren. Als Geschlecht gehören Frauen ja selber zu den Unansehnlichen und Eingeschränkten. Darum hat das Magnificat für sie eine ganz besondere Dimension. Es ist übrigens auch nicht gerade geistreich, sondern zeugt eher von Sexismus, wenn jemand meint: »D'accord (sic!), ihr dürft das Magnificat haben, denn letztlich preist ihr damit ja doch wieder den Herrn!«

b) Heute gehen Frauen selber an eine Neuinterpretation der Bibel heran. Sie können aufgrund ihrer eigenen Erfahrung und ihrer wissenschaftlichen Kompetenz die Dinge, die jahrhundertelang nur über den Kopf betrachtet worden sind, nun einmal sorgfältig und auf neue Weise anschauen. Nehmen wir zum Beispiel den Gottesnamen: obwohl die erste Gottesoffenbarung – JHWH, ich bin, der ich bin – zunächst nichts einseitig Männliches einschließt, sondern im Gegenteil das Geschlechtliche als der »Seiende« übersteigt, ist das Gottesbild dennoch überwiegend männlich geworden – wahrscheinlich auch, weil es in die Einzahl gesetzt worden ist. Wenn wir in der priesterlichen Redaktion der Schöpfungsgeschichte (Genesis 1,27) lesen »Und Gott schuf den Menschen zu seinem Bilde, zum BIldes Gottes schuf er ihn; und schuf sie als Mann und Weib«, so ist darin die Rede von den Elohim, einer Pluralform für Gott, die alle männlichen und weiblichen Eigenschaften umfaßt, die vor Israel den einzelnen männlichen und weiblichen Gottheiten zugeschrieben worden sind. Anhand der beiden Schöpfungsberichte – die priesterliche Fassung ist die ältere – sehen wir, wie Gottesbild und Menschenbild androzentrischer (mann-bezogener) werden.
Obwohl Israel Gott vorwiegend mit »männlichen« Zügen ausgestattet hat, entdecken wir aufs neue »weibliche« Bilder, die ebenfalls vorhanden sind. Ich weise hier auf das Bild des Muttervogels hin: Gott als Henne, die ihre Flügel schützend über ihre Küken breitet, oder als Adler, die ihre Jungen beschirmt (Psalm 17,8; 36,7; 63,8; 5. Mose 32,1;–12; Matthäus 23,37). Die Assoziation mit den Flügeln der Cherubim über der Bundeslade, die die Gegenwart Gottes verkörpern, liegt auf der Hand. Ein zweites Beispiel ist der Begriff der Barmherzigkeit, die Gott besonders häufig zugeschrieben wird. Die Übersetzung »misericordia« geht nicht weit genug und wird den tiefsten Bedeutungen des zugrundeliegenden Wortes »rakhmana«, »rahamin«, das auf »rekhem« (Gebärmutter, uterus-)zurückgeht, nicht gerecht. Wenn wir sagen, daß Gott barmherzig ist, drücken wir Gottes Mutterschaft aus (vgl. den Anfang von Psalm 51 oder den Lobgesang von Zacharias, Lukas 1,78). Bis heute ist die Übersetzung solcher Stellen zu sehr an der Oberfläche geblieben.

c) Frauen können die Bibel auch »neu schreiben«. Das klingt beinahe blasphemisch, aber ich möchte diese Möglichkeit doch offenhalten. Denn wenn Frauen je zu sich selber kommen und Zukunft sehen und selber entwerfen wollen, dann müssen sie auch ein Ver-

hältnis zu ihrer Vergangenheit bekommen und sich davon betroffen fühlen. Vergangenheit ist nicht dasselbe wie Geschichte; Vergangenheit ist eine konstruierte Ideologie, die aus einer Auswahl aus der Geschichte zusammengestellt wird. Wir wissen heute, daß vieles aus dem früheren Geschehen nicht wahrgenommen oder bewußt weggelassen worden ist oder nicht als wichtig genug gegolten hat, um aufgezeichnet zu werden. Erst wenn mit anderen Augen Geschichte geschrieben wird, kommen auch wir zu einer Vergangenheit.
So könnte es auch mit der Bibel gehen. Das Erstaunliche ist, daß bereits in den neunziger Jahren des letzten Jahrhunderts *Elizabeth Cady Stanton* und ihre weiblichen Kolleginnen eine Reihe von Kommentaren – »a Woman's Bible« (»eine Frauenbibel«) – zu bestimmten Bibelstellen, die sich auf die Stellung der Frau beziehen, geschrieben haben. Dieses Buch ist unter dem Titel »The Original Feminist Attack on the Bible« (»Der erste feministische Angriff auf die Bibel«) neu herausgegeben worden[2]. Heute, wo es so viele Theologinnen gibt und die Zahl der Feministinnen unter ihnen jedes Jahr zunimmt, kann ich mir – beinahe hundert Jahre später – eine neue »lectio continua«, einen neuen durchgängigen Kommentar zu der uns überlieferten Bibel aus unserer Sicht, sehr wohl vorstellen. Die Exegeten unter uns können dabei von den inzwischen erworbenen exegetischen Kenntnissen Gebrauch machen; sie sollten sie allerdings mit Vorsicht und einer gewissen Skepsis anwenden – wohl darauf bedacht, daß nun Frauen ihre eigene Lebens- und Glaubenserfahrung mitsprechen lassen und selbst die Subjekte dieses kritischen Kommentars sind. Als Zwischenphase zwischen einer männlichen Bibel und einem ganzgewordenen Wort Gottes könnte ein solcher Kommentar schon manches erhellen.

d) Frauen können die Bibel auch bleiben lassen, was sie ist: ein patriarchalisches Buch, in dem sich Frauen, die es heute lesen, wie in einem fremden Land fühlen. Sie wollen heraus, brechen zu einem Exodus auf und ziehen weg aus dem Land der Väter, weil sie in sich selbst und ineinander eine Verheißung erkennen und hören: auf die Suche zu gehen nach dem unerfüllten Potential unserer Vormütter, deren nicht verwirklichte Geschichte wir jetzt in unser Heute und in unsere Zukunft bringen müssen.

3. Dringliche Fragen

Die Fragen, die diesen vier Möglichkeiten zugrundeliegen, sind: wie gehen wir kreativ (das heißt: indem wir uns vom Geist neu erschaffen lassen) mit Bibel und Tradition sowie ihrer Sprache und ihren Bildern um? Eine erneuerte Exegese allein genügt nicht; es geht auch um die Frage, wie wir die Bibel eigentlich verstehen. Wie haben männliche Autoren ihre Geschichte als Nomadenstämme und als Volk erfahren, daraus Gottes Heilshandeln herausgelesen und es in Worte und Bilder gefaßt? Wie haben sie wahrgenommen und wen haben sie vor sich gesehen? Welche Werte, Normen, Ideale und Ängste kannten sie und ihre Kultur? Wie verhält sich das alles zu unserer Kultur und zur Befreiung von Menschen, die aufgrund von Rasse, Stand oder Geschlecht unterdrückt werden? Die schwarze Theologie hört die Schrift mit ihrem neu erwachten schwarzen Bewußtsein und sucht einen schwarzen, nahen, Beziehungen stiftenden Gott, der den Platz des weißen, westlichen, fernen und unumschränkt herrschenden Gottes einnimmt; die materialistische Exegese will die Heilsgeschichte der Armen aus der Bibel herausschälen und legt allen Nachdruck auf die ökonomischen Faktoren. Ich hoffe dringend, daß diese beiden Ansätze einen Blick für den weiblichen Menschen bekommen, der in der Bibel verborgen ist, und daß männliche schwarze und materialistische Exegeten nicht vergessen, daß ihre Erfahrungen und ihre Sicht unzureichend und halb sind, und daß sie ihre Arbeit deshalb von allem Anfang an mit Frauen zusammen verrichten sollten.

Es ist inzwischen sicher klargeworden, daß ich nicht an eine ein für allemal abgeschlossene Offenbarung glauben kann, die ihr Werk mit den letzten Sätzen der Apokalypse beendigt hat. Gerade weil wir Menschen in unserem Verstehen der Bibel unzureichend und begrenzt sind, lebe ich in der Erfahrung einer weitergehenden Entfaltung der Offenbarung, die das Zusammenspiel von Gott und Mensch nötig hat, wenn sie wirklich öffnend sein will. Darum ist es nicht nur nötig, daß eine neue Exegese betrieben wird, sondern noch mehr, daß neue Gruppen und Klassen von Menschen ihre Erfahrungen einbringen. Ich habe die Erfahrung gemacht, daß solche Fragen tiefe Gefühle anrühren: wer auf die Bibel als das letzte und endgültige Wort schwört, schließt sich ab und hat kein Auge mehr für verheißungsvolle Knospen der Offenbarung, die erst noch zum Blühen und zum Fruchttragen kommen müssen. Wenn Frauen

jetzt schon überrascht sind von Einsichten, Tiefen und Visionen der Offenbarung und Entfaltung in diesem männlichen Buch, dann glaube ich, daß es sich lohnt, in Glauben und Liebe weiterzusuchen nach dem Wort, das immer wieder Fleisch wird.
Ich bin mir bewußt, daß wir vor allem im Hinblick auf Gott, die Gottesnamen und -bilder äußerst behutsam sein müssen, wenn wir von männlich und weiblich oder von mütterlichen und väterlichen Zügen sprechen. Gott übersteigt das alles; Gott ist Geist. Wir dürfen uns von Gott keine Bilder machen. Aber inzwischen ist dies eben geschehen, und uns stellt sich heute die Frage, wie wir damit umgehen. Verzichten wir auf alle Bilder, die auf das Männliche hinweisen? Aber wie stellen wir uns das in der Heiligen Schrift, wie sie nun einmal ist, konkret vor? Oder versuchen wir, die Bilder und die Bildsprache zu erweitern und zu vertiefen, so daß sie auf den ganzen Menschen, der männlich und weiblich ist, verweisen? Ich habe weniger Mühe mit einer gewissen Relativierung der Bibel – wenn sie verantwortlich geschieht – als mit ihrer undifferenzierten Verabsolutierung und Vergöttlichung. Ich glaube, daß die wirklich offenbarenden Heilsworte Perlen sind, die ganz vorsichtig aus den Muscheln der herrschenden Kultur gelöst werden müssen und erst dadurch zu bleibendem Glanz und Wert kommen.
Eine weitere wichtige Frage richtet sich an die Sprachwissenschaftler: Wie steht es um das Verhältnis zwischen dem grammatikalischen Geschlecht von Worten und ihrem Hinweis auf ein im wörtlichen oder übertragenen Sinn gemeintes biologisches, physisches Geschlecht? Was bedeutet es, daß »ruach« (Geist) im Hebräischen weiblich ist, und daraus im Lateinischen »spiritus« (männlich) und im Griechischen »pneuma« (sächlich) geworden ist? »Ruach« ist auch der brütende Vogel, der in der Schöpfungsgeschichte das Chaos zum Kosmos ausbrütet. Was bedeutet es, daß Begriffe wie »Shekinah«, die Anwesenheit Gottes über der Bundeslade, »Torah«, das Gesetz, die »Weisung« Gottes, und »Chokmah«, die Weisheit Gottes, weiblich sind? Was sagt es aus, daß »Sophia«, die Weisheit, weiblich ist in ihrem Geschlecht und als Bild? »Sophia«, die manchmal Jahwes Gemahlin ist oder auch mit Christus gleichgesetzt wird, wenn ihn Paulus die Weisheit Gottes nennt.
Auch die Früchte des göttlichen Geistes werden oft als »typisch weiblich« (das heißt: den Frauen durch Sozialisierung zugeschrieben) dargestellt. Das »Veni, sancte spiritus« (»Komm, heiliger Geist«) der Pfingstliturgie ist voll davon: Zärtlichkeit, das Fürsorg-

liche, das Relationale, das Nahe, das Pflegen. Aber wer bringt das je so eng und appellierend mit einer »weiblichen« Heilswirkung in Verbindung, und zwar für Männer wie für Frauen!

4. Vier Schichten von Fragen

Unsere erste Aufgabe aus der Sicht der feministischen Theologie ist bescheiden, aber wesentlich: die Sicht frei bekommen für eine Anzahl Fragen, die auf Erhellung drängen. Es geht mir dabei um vier Schichten von Fragen, die mit vier historischen Prozessen in der Entwicklung der Heiligen Schrift zusammenhängen:

– Zuerst geht es um den schriftlichen Niederschlag der uns überlieferten Geschichten, Lebenserfahrungen und des gemeinsamen Glaubens. Höchstwahrscheinlich ist dieser Niederschlag ausschließlich oder hauptsächlich von Männern formuliert und von ihren Erfahrungen gefärbt worden. Dasselbe ist wohl auch passiert, als die Bücher, die zum Kanon der Schrift gehören sollten, ausgewählt wurden. Das bedeutet: sowohl für die Texte wie für die Auswahl sind (oder scheinen) einseitig Männer verantwortlich (zu sein). Wieweit sind neue Untersuchungen in dieser Richtung überhaupt noch sinnvoll?

– Durch alle Jahrhunderte hindurch sind die biblischen Worte kommentiert und ist Exegese betrieben worden. Wir können mit Sicherheit annehmen, daß auch daran nicht sehr viele Frauen teilgenommen haben. Es sind vor allem Kirchenväter und Theologen gewesen, die diese Arbeit verrichtet haben. Auch die Mystiker will ich hier erwähnen; dann bekommen wenigstens die Mystikerinnen eine Chance auf einen eigenen Beitrag.

– Weiter muß der Verstehenshorizont, die hermeneutische Frage also, zur Sprache kommen: wie verschieden verstehen wir Menschen, was gesagt, geschrieben und geoffenbart wird, und zwar abhängig von unserer eigenen Existenz, unserer gesellschaftlichen Klasse und dem kulturellen Klima, den geographischen Bedingungen, der persönlichen Lebensgeschichte und dem Entwicklungsniveau? In unserer Zeit umfaßt diese hermeneutische Frage noch mehr Elemente – jetzt, wo die Frauen, die Unterdrückten und die farbigen Völker mündig werden.

– Abgesehen von einer vielseitigeren Exegese und einer nuancierteren, reicheren Hermeneutik, die uns die Hoffnung geben, daß wir in der Bibel noch viele Überraschungen erleben werden, bleiben wir doch noch mit einem nicht zu unterschätzenden Problem, mit einer belastenden Erbschaft sitzen, mit der Wirkungsgeschichte nämlich: mit der praktischen Anwendung einer äußerst einseitig, maskulin und androzentrisch erlebten Bibel in den Kirchen, in der Seelsorge, in Liturgie, Predigt und Verkündigung, in der Verwaltung der Sakramente, die sich natürlich auch in der Sprache, den Bildern und der gängigen Kultur ausdrückt. Noch immer leben die Bilder der zur Sünde verleitenden Eva, der man nicht trauen kann, und der reinen, niedrigen Maria, der Frau, die schweigen und ihrem Mann untertan sein muß ... Unter Berufung auf die Bibel ist viel Böses angerichtet worden, und dabei ist nicht von einer völlig vergangenen Zeit die Rede.

Mit diesen vier Fragen hängen mehr oder weniger eng vier Forschungsgebiete zusammen, in denen Frauen an die Arbeit gehen sollten, lieber heute als morgen.

– Frauen sollten die Frauenfiguren in der Bibel neu erfahren und studieren: wie sind sie aufgefaßt und wahrgenommen worden, durch wen und wozu? Sehen wir sie heute anders, bekommen sie mehr Farbe, mehr Konturen?

– Frauen sollten die biblische Sprache in all ihren Facetten, ihrer Struktur, ihrem grammatikalischen Geschlecht und ihrem Wort- und Bildgebrauch untersuchen. Wird es sich dann herausstellen, daß die Bibel weniger massiv-männlich ist, als es heute den Anschein macht?

– Frauen sollten der Frage nachgehen, wieweit die Kulturen und Religionen der Nachbarvölker ihre Spuren in den biblischen Schriften hinterlassen haben, obwohl Israel ein großer Protest dagegen war. Was haben Mutterreligionen an Elementen eingebracht, die endlich unbefangen auf ihren Wert hin betrachtet werden müßten?

– Inzwischen kommt in jeder Liturgie, Predigt oder Katechese das Wort zum Klingen, und das Übel des Verschweigens der Hälfte der Menschheit, des Vernachlässigens und des Mißverstehens kann weitergehen. Frauen können das immer wieder ganz konkret und genau signalisieren und registrieren und vor allem: selber auf positive Weise ein Angebot an ansprechenden alternativen Beispielen machen, in denen eine ganzheitlichere Schau des Menschen zum Ausdruck kommt. Feministische Theologie kann nicht nur einseitig aus Betrachtung und wissenschaftlicher Reflexion bestehen; sie muß zugleich in neuen liturgischen Texten, in Ansätzen zu einer neuen Wortverkündigung

und in einer neuen Poesie voll überraschender Bilder zu einer erfahrbaren Wirklichkeit werden.
Die Frage, ob die Bibel ein patriarchalisches und androzentrisches Buch ist, will ich deshalb noch nicht beantworten, solange noch soviel aufs neue gelesen, untersucht und studiert werden muß; die Aussage jedoch, daß die Bibel zum Nachteil der Frauen, aber auch zum Schaden der Männer und auf Kosten der Vollständigkeit der Frohen Botschaft als patriarchalisches Buch verwendet worden ist, kann ich schon jetzt mit allem Nachdruck bestätigen. Dennoch gehöre ich nicht zu denen, die – unter anderem wegen »dieser unmöglichen Bibel« – aussteigen, und ich habe auch Verständnis für die Skepsis derer, die uns feministische Theologen – vor allem die Exegeten unter uns – vor der Gefahr des Hineininterpretierens und des Umbiegens in eine Richtung, die gar nicht vorhanden ist, warnen. Vielleicht müssen wir in 25 oder mehr Jahren doch bekennen, daß die Bibel ein androzentrisches Buch ist, daß Jesus von Nazareth zwar befreiend mit Frauen umgeht und uns seine Worte in einen neuen Raum versetzen, aber daß wir sonst wenig Grund zur Freude haben.
Zum Schluß: Gibt es heute schon eine Ausbildung, die zu einer ganzheitlicheren Lektüre der Bibel und einer entsprechenden Exegese führt? Nein. Sind die Exegeten schon wirklich neugierig und bestürzt über diesen Mangel? Kaum, fürchte ich. Werden weibliche Exegeten und Theologen allmählich von den verschiedenen Kirchen freigestellt, damit sie die Bibel in Teamarbeit neu lesen und diese Aufgabe systematisch anpacken können? Laden inzwischen männliche Gelehrte Frauen zu ihren Arbeiten über die Bibel ein, damit sie wenigstens mitmachen können? Sind die verschiedenen Bibelgenossenschaften und -stiftungen sich unserer Fragen bewußt und bereit zum Mitdenken?
Wenn wir glauben dürfen, daß Gott Mensch geworden ist, um uns zu »Menschen Gottes« zu machen, dann sollten Kirche und Theologie – und an erster Stelle bewußtgewordene Frauen selbst – nach Bildern und Symbolen suchen, die die Ganzheit Gottes und die fundamentale Einheit der Menschen ebenso wie ihre faszinierenden Unterschiede als Frau und Mann, braun und schwarz, rot und weiß, zum Ausdruck bringen. »Women in a strange land – search for a new image« heißt der Titel eines amerikanischen Büchleins. Genau in diesem Zustand befinden wir uns: Frauen in einem fremden Land, auf der Suche nach einem neuen Bild von uns selbst.

Veni, Sancte Spiritus,
Et emitte coelitus
Lucis tuae radium.
Veni, Pater pauperum;
Veni, Dator munerum;
Veni, Lumen vordium.

Komm, o Geist der Heiligkeit
Aus des Himmels Herrlichkeit
sende deines Lichtes Strahl!
Vater aller Armen du,
aller Herzen Licht und Ruh,
komm mit deiner Gaben Zahl.

Consolator optime,
Dulcis Hospes animae,
Dulce refrigerium.
In labore reguieś,
In aestu temperies,
In fletu solatium.

Tröster in Verlassenheit,
Labsal voll der Lieblichkeit,
komm, du süßer Seelenfreund!
In Ermüdung schenke Ruh,
in der Glut hauch Kühlung zu,
tröste den, der trostlos weint!

O Lux beatissima,
Reple cordis intima
Tuorum fidelium.
Sine tuo numine,
Nihil est in homine,
Nihil est innoxium.

O du Licht der Seligkeit,
mach dir unser Herz bereit,
dring in unsre Seelen ein!
Ohne dein lebendig Wehn
nichts im Menschen kann bestehn,
nicht ohn Fehl und Makel sein.

Lava quod est sordidum,
Riga quod est aridum,
Sana quod est saucium.
Flecte quod est rigidum,
Fove quod est frigidum,
Rege quod est devium.

Wasche, was beflecket ist,
heile, was verwundet ist,
tränke, was da dürre steht.
Beuge, was verhärtet ist,
wärme, was erkaltet ist,
lenke, was da irre geht!

Da tuis fidelibus,
In te confidentibus,
Sacrum septenarium.
Da virtutis meritum,
Da salutis exitum,
Da perenne gaudium.

Heil'ger Geist, wir bitten dich,
gib uns allen gnädiglich
deiner Gaben Siebenzahl!
Spende uns der Tugend Lohn,
laß uns stehn an deinem Thron,
uns erfreun im Himmelssaal!

II. Die Gewalt der Bilder

Zuerst vier Erfahrungen: 1967 hat eine katholische Frauenvereinigung ein Seminar über die Frau in den kirchlichen Amtsstrukturen veranstaltet. Noch immer erinnere ich mich lebendig an die erste spontane Reaktion des Religionspsychologen *Han Fortmann* auf die Einleitung, die ich eben gehalten hatte: was für eine Ausdauer, um noch so viel Zeit und Argumente aufzuwenden für etwas, das so selbstverständlich ist und auf der Hand liegt ... Noch immer sehe ich das aufrichtige Erstaunen auf seinem Gesicht, und ich weiß, daß mich damals eine Verwirrung überwältigte, die mich nie mehr ganz verlassen hat. Den plötzlichen Schock: was mache ich da eigentlich, habe ich noch lange gespürt, obwohl ich den Kampf für eine Erhellung der »Sache« der Frau und des »Platzes« der Frau in der Kirche noch ein paar Jahre eifrig weitergeführt habe[1].
Der zweite unvergeßliche Schock war noch viel verwirrender für mich. 1970 wurde an der fünften Sitzung des niederländischen Pastoralkonzils der Bericht über das Amt und die damit zusammenhängende Frage des Zölibats besprochen. Eine heftige Diskussion über diesen letzten Punkt nahm einen großen Teil des Tages in Beschlag, aber es sollte »auch noch kurz« Zeit übrigbleiben für die Besprechung eines anderen Kapitels dieses Dokuments, nämlich für den Abschnitt über die Frau in allerlei Funktionen von Amt und Dienst. Während der hitzigen Zölibatsdebatte und der Abstimmung darüber bin ich (als Kommissionsmitglied saß ich oben auf dem Podium und schaute in den Saal hinunter) über die Polarisierung des Gefechts und die manchmal geradezu verzerrten Kriegsgesichter der Kämpfer erschrocken (obwohl ich selbstverständlich immer solidarisch gewesen bin mit jenen, die eine Entkoppelung von Amt und Zölibat verteidigten). Als ich dann nachher, in einer Atmosphäre, die mir schon nicht mehr lag, wahrscheinlich etwas stockend und unsicher »unsere« Frage beleuchtete, legte sich das Interesse und es stand kaum noch Zeit zur Verfügung. Nach der

Abstimmung wollte ich für einen bestimmten Punkt noch um etwas Aufmerksamkeit bitten, worauf der Vorsitzende zu mir sagte: Sind Sie denn noch nicht zufrieden? Ich dachte, daß Sie Ihren Kopf nun doch durchgesetzt haben ... Nach dieser Sitzung habe ich zuhause vor Wut, Verzweiflung und Unsicherheit ausgiebig geheult.
Nach dieser Episode habe ich mich ein paar Jahre zurückgezogen – wegen persönlicher Lebensumstände, aber auch weil ich intuitiv wußte und fühlte, daß wir nicht auf dem guten Weg waren. Bis ich mich etwa 1974 in der damals in den USA gerade entstandenen feministischen Theologie erkannte, in einem größeren Raum zu leben begann und von weiteren Versuchen absah, an einem Gespräch teilzunehmen, das kein Gespräch ist, weil die andere Partei nicht zuhört und nicht antwortet.
Diese Erfahrung wurde noch einmal bekräftigt, als ich an einem UNO-Seminar, das 1977 in Groningen stattfand, vor den ausländischen Teilnehmern über »Feminismus und Christentum« sprechen mußte. Dort stellte sich – wenn auch erst im nachhinein – heraus, daß einer der wenigen anwesenden Katholiken ein Vertreter des »Heiligen Stuhls« war. So ein Mann kann es sich offenbar leisten, unmittelbar nach dem Referat den aufliegenden Text einzustekken, zu verschwinden und sich der Diskussion zu entziehen, zu der Marxisten, Ungläubige und zögernde Christen offen ihre Beiträge lieferten. »Wie finden eure Bischöfe diesen Ansatz und was sagt Rom dazu«, wurde gefragt. Erst da hörte ich, daß »Rom« schon weg war.
Schließlich ließ ich mich Ende 1977 wieder einmal dazu verleiten, an einem Podiumsgespräch über den Zustand der Kirche mitzumachen: schafft sie es noch bis 1984? Auch da überfiel mich wieder dieses ohnmächtige Gefühl von Enge, Wut und Verärgerung, weil ein paar progressive Priestermänner genau zu wissen vorgaben, wer es gut mit der Kirche meinte. Wer nicht mit ihnen einig war, wurde naiv genannt und war eigentlich schon aus dem Boot gefallen. Die Gewalt ihrer Stimmen hinderte sie daran, die Nuancen in dem, was andere sagten, überhaupt noch zu hören.
Vier Augenblicke aus den vielen, in denen ich zuerst nur undeutlich und dann immer klarer Macht, Gewalt und Unterdrückung erlebt habe. Die erste, positive Erfahrung hat mir geholfen, selber zu größerer Klarheit zu kommen; die anderen machten wieder einmal deutlich, daß die bequeme Aufteilung in konservativ und progressiv keinen Trost bietet in der viel tiefergehenden Problematik des Verhältnisses zwischen den Geschlechtern: wie weit ist unsere

Kultur, vor allem in der Kirche, eigentlich schon von ihren Wurzeln abgekommen? Nachdem ich das gesagt habe, muß ich der Ehrlichkeit halber anfügen, daß den Fragen, die der Feminismus aufwirft, in den »progressiven« kirchlichen Kreisen doch langsam etwas mehr Raum gegeben wird, was in den zähen Kirchenstrukturen und in den Herzen ihrer konservativen Anhänger keineswegs der Fall ist. Beweglichkeit verschafft also offenbar auch hier einen Vorsprung.

Dies alles dient zur Einleitung einer Betrachtung über die »Gewalt« in den kirchlichen Strukturen, soweit sie den Ausschluß der Frauen nicht nur vom Priesteramt, sondern in der Tat auch aus fast allen Instanzen, wo Politik gemacht wird, betrifft. Es ist klar, daß es uns schon lange nicht mehr um die »Frage« oder den »Platz« der Frau geht, um die Formulierung unserer »Aufgabe« oder um »Zulassung« zu den Ämtern. Schon diese Begriffe deuten die Herrschaftsstruktur an: andere, das andere Geschlecht, soll für mich ausmachen müssen, was mein Platz ist! »Man's world« (»die Welt des Mannes«) hat die Macht, »woman's place« (»den Platz der Frau«) zu bestimmen. Darauf haben wir schon unzählige Ballen Papier verschwendet.

Im komplexen Problemfeld einer einseitig männlich strukturierten Kirche ist die Frage des Amtes wahrscheinlich nur die Spitze eines Eisbergs, an dem es noch viel zu untersuchen gäbe. Darum will ich hinuntertauchen – wie kühl es mir dabei auch werden möge –, um wenigstens eine Facette nach oben zu holen: nämlich den Gebrauch und die Verwendung der Bilder und Gleichnisse, die unserer Sexualität als Mann und Frau und den ehelichen und familiären Beziehungen entlehnt sind. Eines der Argumente im Text der Glaubenskongregation gegen die Frau im Amt ist ja der Nachdruck, der auf die Sakramentalität, das Zeichenhafte des Priestertums, gelegt wird. Sakramente müssen aus sich selber etwas darstellen können; sie sind natürliche Zeichen. Christus, der auferstandene Herr, ist Mann; also kann ihn nur ein männlicher Priester darstellen und vertreten. Überdies kann in der Person von Christus auch nur der Priester die Kirche vertreten. Das bedeutet also, daß Frauen dort, wo das Sakramentale zum Zuge kommt, weder Christus noch die Kirche darstellen können. Die Kirche, die ecclesia, ist in bezug auf den Bräutigam Christus wohl die Braut, aber da geht es um die Gemeinde, die aus Männern und Frauen besteht. Ganz zu schweigen von der mater ecclesia, die durch eine ausschließlich männliche, priesterliche Lehrautorität vergegenwärtigt wird.

Die Begründung in einer solchen Symbolik ist mir schon immer unverständlich gewesen, aber nun kommt sie mir lebensgefährlich vor – wie eine Erstickung und Erstarrung des Lebens der Kirche selbst. Denn sie spricht nicht nur mehr als der Hälfte ihrer Mitglieder das Recht und die Möglichkeiten ab, ihre Gaben und Fähigkeiten unbegrenzt im Dienst der kirchlichen Gemeinschaft zu entfalten; sie verstellt sich auch die Sicht auf die volle Menschlichkeit von Jesus dem Christus, auf die Menschwerdung Gottes.
Wir wissen, daß die Bibel voll von Bildern, Symbolen und Gleichnissen ist, und daß eine Anzahl davon unserer Geschlechtlichkeit und der ehelichen Beziehung zwischen Mann und Frau entnommen sind. Ein paar will ich erwähnen, weil sie in der Argumentation im vorhin genannten Text der Glaubenskongregation vorkommen. Ich beschränke mich dann auf die Bildsprache im Hinblick auf Gott, auf Christus und die Braut-Bräutigam-Symbolik von Gott und seinem Volk, um nachher noch kurz auf das Mann-sein von Christus einzugehen[2].
Obwohl die Mehrheit der Gottesbilder in der Bibel männlich ist, stoßen wir doch auch auf eine Anzahl weiblicher Bilder: Der Herr ist der Vater seines Volkes, aber seine Zärtlichkeit ist die einer Mutter für ihr Kind (Jesaja 49,14–16). Wenn der Herr auszieht, um sein Volk zu erlösen, klingt sein Kriegsgeschrei wie das eines Kriegers, aber er wimmert auch wie eine Frau, die am Gebären ist (Jesaja 42,13–14). Gott ist sowohl unser Fels und unsere Festung wie die Quelle lebendigen Wassers ... In den Evangelien trifft uns aufs neue, wie Christus für sein Werk ohne Zögern auch weibliche und mütterliche Bilder braucht: das Gleichnis von der Frau, die ihr Haus auf der Suche nach dem verlorenen Groschen sauber fegt (Lukas 15,8–10); das Bild von der Henne, die »ihre Küken unter ihre Flügel sammelt«, das er auf sich selbst anwendet (Matthäus 23,37). Sogar der maskuline Paulus vergleicht sich in seinem ersten Brief an die Thessalonicher mit einer »Mutter, die ihre Kinder pflegt« (1. Thessalonicher 2,7).
Das biblische Bild des göttlichen Bräutigams, das auf Jahwe, auf Jesus und auch auf den Bischof in Beziehung zu seiner Kirche hinweist, kommt vor allem bei den Propheten Hosea und Jeremia häufig vor. Bei näherem Zusehen erweist es sich als ein äußerst reiches und kompliziertes Bild. In diesem Zusammenhang ist wichtig, daß es Hosea nicht so sehr um männliche und weibliche Geschlechtsrollen geht, als um den Nachdruck, den er auf die innige Einswerdung zwischen Bräutigam (Gott) und Braut (Volk Israel)

legt, um Treue und ihren Bruch. Obwohl Israel als Braut erscheint, wütet Hosea vor allem gegen seine männlichen Führer als Schänder des Hochzeitsbandes und als Huren! Hosea und Jeremia sprechen über einen neuen Exodus (Jeremia 31) aufgrund eines erneuerten und vertieften Liebesbandes zwischen Jahwe und der Tochter Zion. Und im Deutero-Jesaja werden sowohl Zion wie Gott mit einer Frau verglichen. Zion sagt: »Der Herr hat mich verlassen, der Herr hat meiner vergessen«. Und Gott wird in den Mund gelegt: »Kann auch ein Weib ihres Kindleins vergessen, daß sie sich nicht erbarme über den Sohn ihres Leibes?« (Jesaja 41,14–15). In all diesen Beispielen sehen wir, daß Bilder ineinander übergehen: Zion, die Witwe geworden ist, wird wieder Jungfrau, worauf sie zu einer neuen Ehe berufen wird. Zugleich sehen wir, daß Bilder auch ausgetauscht werden: einerseits wird Jahwe mit dem Ehemann verglichen, andererseits wird ihm in der Beschreibung »seiner« Zärtlichkeit und Barmherzigkeit auch das Bild des Mutterschosses zugeschrieben (hebräisch »raham« bedeutet uterus, Gebärmutter).

Dies ist nur eine begrenzte Auswahl aus einer viel größeren Anzahl von Beispielen; sie scheint mir aber ausreichend, um zu verdeutlichen, daß die Bilder, die aufgrund der Erfahrung gläubiger Menschen in der Bibel gebraucht werden, den Nachdruck nicht auf den physiologischen Körperbau und die durch die Biologie bestimmten Geschlechtsrollen von Mann und Frau legen, sondern den Aspekt der Beziehung in der intimen, freudigen und fruchtbaren Vereinigung von Jahwe mit seinem Volk zum Ausdruck bringen wollen. Der Vergleichspunkt ist Treue und Untreue gegenüber der Beziehung zwischen Gott und seinem Volk, symbolisiert in der Liebes- und Ehebeziehung, und nicht die sexuelle Bestimmtheit eines jeden Partners. Dies ist allein schon darum unmöglich, weil so oft eine schnelle und überraschende Wende im Bildgebrauch stattfindet, die ausgerechnet die konkreten »Naturgesetze« durchbricht. Es gibt schon zu denken, daß es offenbar nicht als Schwierigkeit empfunden wird, wenn der Mann-Priester den mütterlichen Christus vertreten muß, oder wenn ausschließlich Männer-Priester die Braut, die Kirche, darstellen müssen und als sündige Kirchenführer mit den Abgöttern huren.

Weiter: der Gott Israels übersteigt unsere Bilder und Metaphern unendlich und hat darum – angesichts unserer Unfähigkeit, Gott wirklich zu erkennen – einen übermäßigen Reichtum an Bildern nötig, die sich gegenseitig ergänzen. Alle diese Bilder sagen letzt-

lich immer mehr über unsere menschliche Erfahrung aus, als daß sie Gott Sexualität zuschreiben würden. Unser Gott ist Geist, nicht in menschlichen Formen sexueller Unterschiede, ehelicher Beziehungen oder familiärer Muster einzufangen. Wenn wir trotzdem Bilder aus diesem Sprach- und Erfahrungsbereich verwenden, dann nur, um innige Beziehung, Treue und Herkunft (Sohn Gottes) zum Ausdruck zu bringen.
Was läßt sich nun über das Mann-sein von Jesus, ja selbst des verherrlichten Christus sagen? Macht seine Männlichkeit ein so unentbehrliches Element seiner Erlöserrolle aus, daß es den Frauen schon wegen ihres weiblichen Körpers unmöglich ist, die Liebe Gottes zu den Menschen, die sich in der Inkarnation seines Sohnes niedergeschlagen hat, zum Ausdruck zu bringen und zu vergegenwärtigen? Die verschiedenen Autoren, die ich dazu zu Rate gezogen haben, heben alle hervor, daß Jesus im ganzen Neuen Testament nur dreimal »Mann« (anèr), aber fast immer »Mensch« (anthropos) genannt wird. Auch Paulus nennt, wo er in den Römerbriefen den gehorsamen Christus dem ungehorsamen Adam gegenüberstellt, beide »Mensch« und nicht »Mann«. Wenn wir über die Inkarnation Gottes sprechen, dann drücken wir das auf zwei Arten aus: das Wort ist Fleisch geworden, oder: Gott ist Mensch geworden, aber nie: Gott ist Mann geworden. Die Kirche ist ganz bezogen auf Jesus als den Christus, in dem die rechte und vollständige Beziehung der Menschheit zu Gott sichtbar geworden ist. Jesus ist als Christus der Träger von Gottes Rettung und Heilung, von Gott-mit-uns.
Kirchenväter verstanden unter Inkarnation die Ähnlichkeit des Wortes Gottes in seiner Menschlichkeit mit allen, die in der Perspektive der Erlösung eingeschlossen sind. Wenn Athanasius zu sagen wagt: er wurde Mensch, damit wir göttlich würden, dann sind diese »wir« Menschen, männliche und weibliche Menschen. Wer in der Sprache der Zeichen, der Sakramente, denken will, kann nur ein Sakrament finden, das entscheidend ist, um Christus zu vertreten: die Taufe. Denn durch diese Gnade haben wir Teil an der Identität von Jesus als dem Christus, kommen wir in eine Beziehung zu Gott-in-Christus, dem Erstgeborenen der Menschheit.
Hier ist der Schluß zu ziehen – und viele haben ihn schon gezogen –, daß gerade die Priesterweihe von Frauen und ihre Amtsausübung das bestehende Bild eines einseitig männlichen Priestertums beseitigen und zu einem vollständigeren, reicheren Ausdruck der Erlösung durch Christus und seiner Vergegenwärtigung führen

würde, weil dann die ganze Menschheit darin sichtbar würde, nicht mehr halbiert und auf unfrei-machende Geschlechtsrollen festgelegt. Solange das aber noch geschieht, bleiben wir in Sündenfall und Strafe stecken, obwohl wir doch aufgrund der erlösenden Wende in der Perspektive der neuen Schöpfung leben dürften, deren Erstling Christus ist (Galater 3,26–28).

Es ist hoffentlich deutlich geworden, daß eine spontan entstandene Symbolik, die der eigenen menschlichen Erfahrung entlehnt ist, diese aber auch wieder übersteigt und überrumpelt, von bestimmten theologischen Schulen und der kirchlichen Lehrautorität als Bumerang gebraucht wird, um das weibliche Geschlecht einzuschränken und auf seinem Platz festzuhalten. Statt Raum geht von dieser Bildersprache in Wirklichkeit Zwang aus. Es ist, als wenn »Rom« noch immer mit den geschlechtlichen Unterschieden zwischen den Menschen »biologisieren« würde und sich davon – weil niemand eine reale Beziehung dazu und Erfahrungen damit hat – sowohl übertrieben romantische Vorstellungen macht wie Gefahr läuft, in ein primitives Stadium zurückzufallen, wo zur Erklärung von Mensch und Kosmos nur Polaritäten zur Verfügung stehen: hell/dunkel, Himmel/Erde, gut/böse, Mann/Frau.

Das Bedürfnis nach Klarheit und Unterscheidung im Denken ist in einer männlichen Kultur immer sehr groß gewesen; wir haben ihm viel zu verdanken. Aber das Auseinanderlegen, um zu klaren Begriffen zu kommen, hat nicht selten zu einem bleibenden Scheiden geführt; dadurch fiel das, was auf verwickelte Weise zusammengehört, in Fragmente auseinander, und das, was in polarer Spannung festgehalten werden sollte, wurde in einem Prozeß der Polarisierung auseinandergetrieben. Unter der Oberflächen-Schicht der geschlechtlichen Kategorien liegen tiefere und komplexere Schichten, die berücksichtigt werden müssen, gibt es Ambiguität und Unterschiedlichkeit in Anlage, Charakter, Kultur und gesellschaftlicher Stellung. »Es gibt keinen einzigen Lebensaspekt, der rätselhafter, komplexer und einem Irrgarten ähnlicher ist als das Mann- oder Frausein der Menschen in bezug auf ihre Sexualität«.

Und doch denke ich, daß wir am Eisberg unter Wasser noch eine tiefere Schicht anbohren müssen. Neben der Macht der herrschenden Struktur, die zu wenig auf die Zeichen der Zeit hört, sich damit isoliert und unwiderruflich in ein Getto hineinmanövriert, außer dem Zwang einer vorhandenen Symbolik, die nicht aufruft, sondern niederdrückt, spielt wahrscheinlich noch ein dritter Faktor eine Rolle, nämlich die Angst vor der Konfrontation mit einer anderen

Erfahrungswelt, die man immer auf Frauen projiziert und in sich selber verdrängt hat: die Emotionalität, die persönliche Betroffenheit, eine intuitive Art des Wissens, das Bedürfnis nach gegenseitiger Verbundenheit mit den Menschen, aber auch mit der Erde und der Natur, ein weniger gradliniges, konsequent logisches Denken, dafür aber ein erfinderischeres, improvierteres Handeln, weniger Sachlichkeit, größere Zweideutigkeit.

Wir wissen, daß die Vaterreligion Israels und des Christentums eine kräftige Gegenreaktion auf die umliegenden Mutterkulte und Fruchtbarkeitsriten war. Das Weibliche, die Mutterschaft, das Tragen, Gebären, Nähren und Bluten, der Zyklus der Frau und der Jahreszeiten, das Auf- und Niedergehen der Gestirne, die Gezeiten der Gewässer: das waren die großen grundlegenden Rätsel, zu denen unsere Voreltern eine Beziehung finden mußten. Die Offenbarung Israels hat die Entgöttlichung der Sexualität, der Natur und der Erde nach sich gezogen. Der Schoß von Mutter Erde brachte Leben hervor und nahm Leben zu sich. Nun wurde ihr die numinose Macht von einem transzendenten, geistigen, jede Gebundenheit an Sexualität übersteigenden Gott weggenommen, der den Menschen aus dem festhaltenden Schoß wegzog. Es ging nun nicht mehr um das natürliche Band (aber auch die Gebundenheit) des Kindes an die Mutter, sondern um die Anerkennung und Annahme des Kindes durch den Vater, der das Kind herausführt, auf den Weg stellt und ihm Normen gibt. So hörte der Mensch auf, ein Gefangener der Erde und des Kosmos zu sein; das Bild des Exodus im Alten Testament und das des »Wegs« im Neuen Testament haben uns zu einem weiteren Prozeß der Menschwerdung verholfen. Diese Entwicklung hat den Menschen in der Tat weitergebracht; durch ihre Kontrastwirkung, ihre Abkehr von und ihren Protest gegen die Mutterreligionen hat sie aber auch viel Schaden angerichtet. Die ganze Erfahrungswelt, die wir die »weibliche« nennen, mußte gleichsam untertauchen und wurde von der herrschenden Kultur abgeschnitten, zum Nachteil von beiden. Vor allem die Emotionalität mit all ihren Ausdrucksformen von Wärme, Zärtlichkeit und Nähe, aber auch ihren Höhen und Tiefen, wurde als untauglich für die »männlichen« Aufgaben des Herrschens, Eroberns und der Technologie erklärt.

Manchmal stellen wir allerdings ein spontanes Verrücken der Bilder fest, wenn zum Beispiel einem männlichen Heiligen (Franziskus, Paulus) oder auch Christus hegende, nährende, zärtliche Züge zugeschrieben werden. Ein Bruder bittet Franziskus: »Gib uns deinen Segen, allerliebste Mutter, und laß mich deine Hand küssen«[3]. *Anselm von Canterbury* betet: »Paulus, meine Mutter, Christus hat auch dich getragen . . .. Paulus, bitt für deinen Sohn, weil du seine Mutter bist, daß der Herr, der auch seine Mutter ist, seinem Sohn das Leben geben möge«[4]. Und *Juliana von Norwich*: »So wahr Gott unser Vater ist, so wahr ist Gott unsere Mutter; so ist, in unserer Vorstellung, der allmächtige Gott unser freundlicher Vater und der allweise Gott unsere liebe Mutter«[5]. Es ist nicht das Geschlecht der betreffenden Person, sondern die mütterliche Haltung, die hier dargestellt und zum Vergleichspunkt genommen wird.

Es wäre eine Untersuchung wert, der Frage nachzugehen, ob diese »Verrückung« auch umgekehrt vorkommt: ob also auch Frauen, die eine führende Rolle innehaben, Klöster stiften, einen entscheidenden Weg einschlagen, befreiende Normen aufstellen, »männliche« oder »väterliche« Züge zugeschrieben werden. Die Schlußfolgerung des Religionspsychologen *Vergote*, daß Vaterreligion der Mutterreligion vorzuziehen sei, betrachte ich darum als so gefährlich, weil er behauptet, daß die wichtigen mütterlichen Aspekte zwar eventuell in die väterlichen Züge aufgenommen werden können, aber nicht umgekehrt. Warum lesen wir bei ihm wohl etwas über die ungünstigen Züge des Mutterbildes, aber nichts über die Gefahren des Vaterbildes? Vergote: »Es ist wahrlich kein Zufall der Kulturgeschichte, daß Gott uns durch das Symbol des Vaters vermittelt wird«[6]. Weil nun gerade diese Art von Bildern das konkrete Leben vieler Frauen und Männer beschädigt hat, wäre es angebracht, daß sich Religionspsychologen und andere Wissenschaftler auf diesem Gebiet um äußerste Behutsamkeit und Bescheidenheit bemühen, wenn sie die Bilder von Vater und Mutter gegeneinander ausspielen. Noch eher ließe sich, mindestens vorübergehend, eine bilderlose Religion verfechten – etwas, das Israel schließlich als erstes Gebot auferlegt worden ist!

Der rigide Geschlechtsunterschied, der im Prinzip der Komplementarität zum Ausdruck kommt (auf dieses Prinzip beruft sich auch die römische Erklärung von 1977, die den Frauen den Zugang zum Priesteramt versagt), hält das Leben – auch innerhalb kirchlicher Strukturen – übersichtlich. Dazu trägt ebenfalls der hierarchische Aufbau bei, der alles und jeden »auf seinen Platz« stellt. Die Kirche ist eine der letzten Organisationen, wo noch an beiden Faktoren festgehalten wird. Es gehört zu ihrer soziologischen Erscheinungsform als wenn nicht totale, so doch »gefräßige Institution«; das ist sie, weil sie von den Menschen in ihrem Dienst ungeteilte Hingabe und exklusive Treue verlangt[7]. Die Familie hat das bis vor kurzem der Hausfrau und Mutter zugemutet; die Kirche verlangt es noch immer von ihren Amtsträgern. Es paßt schlicht und einfach nicht zu ihrer Auffassung vom Amt, daß es konkret durch Frauen (oder verheiratete Männer) ausgeübt würde, die gleichzeitig mit der Komplexität mehrerer Lebensbereiche fertigzuwerden versuchen.

Heute vollzieht sich meiner Meinung nach jedoch ein Wandel vom Bedürfnis nach »Totalität«, vollständiger Hingabe mit Haut-und-Haaren, alles-auf-eine-Karte-setzen, heroisch-sein zu einem Verlangen nach »Ganzheit«, Integriertheit, nach einem Bezogensein auf vielerlei Aspekte. Oder anders: die konsequente Totalität und die verletzbare Ganzheit gleichen sich weniger, als es die Ähnlichkeit der Worte vermuten ließe. An die Stelle des heroischen Zeugnisses für Christus im Martyrium in den ersten Jahrhunderten ist das Zeugnis der Askese – vor allem im Stand der Jungfräulichkeit und des Zölibats – getreten. In aller Achtung vor diesen beiden Möglichkeiten (die weiterhin verwirklicht werden können) entwickelt sich heute eine dritte Form des Zeugnisses bei Christen, denen die Komplexität der Welt zu Herzen geht und die sich gegen eine weitere Entfremdung, Atomisierung und Bürokratisierung wehren. Das verlangt, daß wir von stereotypen Geschlechtsrollen absehen und den Akzent auf die persönlichen Gaben eines jeden legen, damit sich Charismas unter allen möglichen Lebensumständen entfalten können. Dann brauchen wir aber auch eine beweglichere Verfügbarkeit von mehr Christen und weniger »gefestigte«, uns festhaltende Lebensstrukturen, weniger »bürgerliche« und bevormundende Ehen und Familien. Solange »Rom« die Konfrontation mit der lebendigen, konkreten »Frauenwelt« – von Laien und von wieder als Pionierinnen auftretenden Nonnen – nicht will oder nicht wagt und der Improvisation, vielleicht sogar einem vorübergehenden Chaos, das aber voll neuer Verheißungen steckt, aus dem Weg geht, bleiben wir in der Erstarrung, der Versteinerung und der Kälte des Eisbergs sitzen.

Ich hätte mit dieser skizzenhaften, tastenden Betrachtung keine Ruhe, wenn ich nun einfach einen Strich darunter zöge. Denn es wäre zu bequem, der kirchlichen Lehrautorität alle Schuld zuzuschieben, und überdies wäre es nur die halbe Wahrheit. Denn außer den genannten Formen von Zwang und Herrschaft gibt es in jeder herrschenden Kultur so etwas wie die Macht der Gewohnheit. Diese ist nicht nur ganz gehörig in unserer Gesellschaft zu spüren, sondern auch in fast allen Kirchen, wo man den Frauen zwar theoretisch den Zugang zu den Ämtern gibt, ihnen aber doch nicht wirklich Platz macht. Die schroffe Haltung von Rom zwingt uns wenigstens dazu, tiefer zu graben und keine formalen Scheinlösungen zu forcieren, die doch nicht von innen heraus zugestanden und darum auch nicht mit allen Konsequenzen in die Tat umgesetzt werden können. Solange die »Kirchenfürsten« davor zurückschrecken, sich selbst und ihre Positionen, ihre Werte und Normen der Kritik zu unterstellen und ihrer Einseitigkeit auf die Spur zu kommen, kann eine Frau nur mitmachen, wenn sie sich ihren Bedingungen unterwirft. Wirklich Pionierarbeit zu leisten, das heißt Druck auf die Grenzen der Kultur auszuüben, ist unter solchen Umständen nicht möglich.

Noch näher möchte ich katholischen Mitmenschen in meiner eigenen Umgebung, den Kirchenmitgliedern und Theologen, Frauen und vor allem Männern, jungen und älteren, die zusammen einen Teil der römisch-katholischen Kirche ausmachen, auf den Pelz rücken. Müssen wir nicht zuerst vor der eigenen Türe kehren? Wir können Rom doch kaum Starrheit vorwerfen, wenn wir nicht selbst in Bewegung kommen und – amüsiert oder irritiert, aber immer aus Distanz – zusehen, wie Frauen heute für ihre Befreiung kämpfen.

Worin besteht denn diese Unterdrückung eigentlich, fragen mich Männer immer wieder. Es sei hier wieder einmal gesagt: daß das eine Geschlecht bestimmt hat – und noch immer zu wissen vorgibt –, wer das andere Geschlecht ist, wie es sich aufzuführen hat, welche Rollen es ausüben kann und darf und welche Werte ihm zuzuschreiben sind. Dem liegt die feste Überzeugung zugrunde, die weiterhin festgehalten und gefördert wird, daß nämlich das biologische Geschlecht die ganze Person eines Menschen bestimmt. Wenn Menschen unterdrückt werden, heißt das immer, daß eine Partei zuviel Raum einnimmt und der anderen kaum oder auf jeden Fall zu wenig Raum läßt, um zu leben (ökonomisch), um sich auf ihre Art und nach ihrer Veranlagung zu entfalten und um eigene Lebensentwürfe zu machen (psychologisch), und um aufgrund ihrer eigenen Erfahrungen und Möglichkeiten einen Beitrag an die Gesellschaft zu liefern (strukturell). Ich wage zu behaupten: solange sich Männer – jeder in seinem Kontext – nicht einmal die Mühe nehmen, sich über das, was vorgeht, zu informieren, und solange Theologen, die in ihrem Fach so gerne Schritt halten, noch immer keine einzige Publikation auf dem Gebiet der Frauenbewegung ge-

lesen haben, solange bleiben diese Männer mitschuldig an den unterdrückenden Strukturen und am ausschließenden Klima.
Verschiedene feministische Autorinnen haben bereits eine Reihe von Haltungen analysiert, die in der Tat Mitschuldigkeit am Sexismus beinhalten:

- das Problem nicht erkennen wollen;
- es von sich fernhalten, lächerlich machen und herabspielen;
- bei Frauen Schuldgefühle wecken;
- uns als unweiblich, Mannweib, alte Jungfer verurteilen oder Sprüche fallenlassen wie »sie hat es wohl nötig«, »ihre Ehe taugt sicher nichts«;
- das Problem abschieben: »in anderen Kirchen ist es auch nicht besser« oder »schau mal, wie es in einem Land zugeht, wo eine Frau Premierminister ist«;
- mit der wohlwollenden Haltung von jemandem, der Caritas übt und zu Dankbarkeit verpflichtet.

Es ist schade, daß ich diese Möglichkeiten hier nicht mit bestürzenden Beispielen illustrieren kann, wie sie bis heute regelmäßig vorkommen. Aber es könnte auch anders sein: in der Bereitschaft, Vertrauen auszudrücken, Interesse zu zeigen, neugierig zu sein, das Gespräch oder eine Diskussion zu wagen, einmal kritisch auf sich selbst zu schauen, sich einmal eine Zeit lang des (Ver)Urteilens zu enthalten und vor allem durch Zuhören. Wenn wir in unserer eigenen Umgebung den Weg »from machismo to mutuality«, von »gockelhafter Männlichkeit zu menschlicher Gegenseitigkeit«, nicht zurücklegen, wie sollten wir es dann von isolierten Führungsgremien erwarten können.
Ich möchte hier auf das Buch »Die Stärke weiblicher Schwächen« von *Jean Baker Miller* hinweisen. Aufgrund ihrer therapeutischen Erfahrung und ihrer wissenschaftlichen Untersuchungen versucht sie, einen Rahmen für ein neues Verständnis der Frau zu entwerfen. Sie betrachtet das ganz bescheiden als Beitrag in einem Prozeß, in dem wir Frauen miteinander stehen, unsere Erfahrungen teilen und immer wieder einen Schritt weiterkommen. Ihr Werk geht von der Zweiteilung der Menschheit in Herrschende und Untergeordnete aus. Ihre These lautet: »Die Menschheit wurde in einer beschränkten und verzerrten Einschätzung ihrer selbst gehalten – angefangen bei der Deutung der intimsten persönlichen Gefühle bis hin zu den großartigsten Erscheinungen menschlicher Möglichkeiten –, und zwar eben wegen der Unterdrückung der Frauen«[8]. Und weiter: »Indem sich Frauen weigern, die Bürde ver-

schiedener ungelöster Probleme der männlich-bestimmten Gesellschaft zu tragen, und zu Verfechterinnen einiger der wertvollsten Aspekte des Menschlichen werden, können wir, glaube ich, ein allgemeines Klima schaffen, in welchem auch Männer sich schließlich auf ihre Weise mit ihren eigenen Problemen auseinandersetzen werden. Dann werden sie mit ihren körperlichen, ihren sexuellen, ihren kindheitlichen Erfahrungen konfrontiert sein, ihren Gefühlen von Schwäche, Verletzlichkeit, Hilflosigkeit und anderen, ähnlich verdrängten Empfindungen. Und sie können ihre emotionale Erfahrungsbreite erweitern und ihr wirkliches Potential an Kooperationswilligkeit und Kreativität entdecken. Weil diese Persönlichkeitsbereiche dann nicht mehr von Frauen ›besetzt‹ sind und von der männlich-orientierten Gesellschaft abgewertet werden, werden die Männer endlich selber erkennen, wie wenig adäquat ihre sozialen Formen den eigentlichen Bedürfnissen sind. Die Männer werden dann für sich selbst neue und bessere Wege finden müssen.«[9] Und als letztes: »Solange man Frauen bei dem massiven Versuch, bestimmte menschliche Grundprobleme zu unterdrücken, einspannte, blieb der Konfliktprozeß selbst verdeckt. Wenn Frauen diese alte Position aufgeben, wird man mehr über Widerstreit erfahren und sich auf angemessene Weise damit befassen können ... Frauen schaffen nicht Konflikte, sie decken nur die Tatsache auf, daß Konflikt existiert«[10].

III. Befreiungstheologie: Erfahrung und Reflexion – zwei Parallelen

»Das Hoffnungsvollste besteht darin, daß es noch immer Menschen und Gruppen – so wenig es auch sein mögen – gibt, die nicht aufhören daran zu glauben, daß eine andere, gerechtere Welt und eine andere, evangelischere Kirche möglich sind. Europa kennt zahllose Aktionsgruppen, Südamerika hat seine Basisgemeinschaften, und vielleicht ist eine der reichsten Früchte der 68-Bewegung der Feminismus«.

(Redaktion von »de Bazuin«, 12. Mai 1978)

Der Feminismus, die radikalere Richtung der Frauenbefreiungsbewegung, ist nicht nur aus dem gärenden und fruchtbaren Boden der revolutionären sechziger Jahren heraus gewachsen; es stellt sich heute heraus, daß er selber immer tiefer und deutlicher eine Umwälzung in unserem Erleben, Denken und Handeln zuwege bringt. Und – das sei hier angefügt – auch in unserem Glauben. Deshalb will ich hier versuchen, den Feminismus unter die zahlreichen Befreiungsbewegungen einzuordnen, die Menschen, Gruppen und Weltteile auf die Beine bringen, vor allem in der Dritten Welt und bei den farbigen Völkern. Selbstverständlich zeige ich dies alles im Zusammenhang mit der Glaubenserfahrung und -reflexion von Christen, die in ihrem Leben Unterdrückung oder Einschränkung erfahren und zu ihrer Befreiung aufgebrochen sind.
Ich denke hier in erster Linie an die schwarze Theologie aus Südafrika, weil ich finde, daß Hautfarbe und Geschlecht zumindest das gemeinsam haben, daß sie für unser Leben von vitaler Bedeutung und unauslöschlich damit verbunden sind. Wenn ich mich mit der schwarzen Theologie befaßt habe, bin ich jedesmal wieder überrascht worden von den zahlreichen offensichtlichen Parallelen, die sich zwischen »Black Movement« (»Schwarzer Bewegung«) und »Women's Liberation Movement« (»Frauenbefreiungsbewegung«) ziehen lassen. Ein paar davon will ich hier aufzeigen.

1. Die Befreiung schwarzer Menschen

a) Die Schwarzen sind jahrhundertelang von einer sie beherrschenden Kultur unterdrückt worden. Sie hat sich den Schwarzen aufgedrängt und sich nicht die Mühe genommen, ihre Normen und Werte kennenzulernen, sondern sie als minderwertig eingestuft, die Neger nicht ernstgenommen, sondern zu Objekten erniedrigt, über die man verfügt, und sie unsichtbar gemacht, ohne Macht, ohne Einfluß, ja sogar ohne Gesicht und Stimme.

b) Durch diesen Prozeß haben sich Schwarze selber ein niedriges Bild von sich selbst zu eigen gemacht: sie sind dumm, faul, machtlos, wissen es nicht besser und nehmen das ergeben hin. Das ist die schlimmste Form von Armut: nicht einmal wissen, daß man arm und seiner selbst entfremdet ist.

c) Mit der Zeit werden sich die Schwarzen dieser Situation bewußt, und es wächst in ihnen das Bedürfnis nach einer Gemeinschaft, in der sie ihre Leidenserfahrungen teilen können. Schwarzsein wird nun als eine eigene, positive Lebenskategorie entdeckt und bekräftigt; black is beautiful (schwarz ist schön). Man ist nicht länger bereit, sich mit weißen Maßstäben zu messen oder messen zu lassen. Im Gegenteil: die eigene Hautfarbe wird zu einer Quelle, aus der alle schwarzen Institutionen aufgewertet werden. Die Sehnsucht, weiß zu sein, herrscht nicht mehr vor, sondern man ist auf die schwarze Eigenart stolz und verstärkt sie eher noch. Und man akzeptiert auch das so bequem zu predigende Stereotyp vom Adel des Dienens, das vor allem auf die Schwarzen angewendet wurde, nicht länger; man will selber herausfinden, wer man ist und wie man anderen auf persönliche Weise dienen kann, ohne ihnen unterworfen zu sein.

d) In ihrem Befreiungsprozeß machen die Schwarzen die Erfahrung, wie sehr sie sich selbst entfremdet worden sind, indem sie eine Sprache – mit all ihren Bildern und Symbolen – sprechen und hören mußten, die nicht ihre eigene ist, ganz zu schweigen von einer abstrakten Art des Denkens, in der sie sich gar nicht erkennen.

e) Das Verlangen erwacht, in der Geschichte die eigene unbekannte Vergangenheit zurückzufinden und ihre Spuren aufzuzeichnen.

f) Man wird sich aufs neue der eigenen, ursprünglich starken Gemeinschaftsstrukturen bewußt und will den Gemeinschaftssinn als Lebensstil wieder beleben. Von daher kommt die heftige Kritik an jeder falschen Form von Macht, die nicht organisch aus der Gemeinschaft herauswächst, sondern die Spitze einer starr gegliederten Hierarchie ist, die mit der Gemeinschaft nicht mehr in einem auf- und niedergehenden Prozeß der Kommunikation verbunden ist.

g) »Schwarz-sein« erhält eine Bedeutung, die über den wörtlichen Sinn hinausgeht: jeder Weiße sollte »schwarz« werden, das heißt die Erfahrung der Unterdrückung, Bewußtwerdung und Befreiung durchmachen, um dadurch ganzheitlicher zu werden und zu einer echten Brüderlichkeit mit den Schwarzen zu kommen.

h) Der Solidarität, die Schwarze, die sich ihrer Unterdrückung bewußtwerden, auf diese Weise zurückgewinnen, wird durch eine zu frühe und billige »Versöhnung« Gewalt angetan, die ein paar Schwarze mit den weißen »Herren« aus dem Verlangen heraus eingehen, in die Kreise der herrschenden Kultur aufsteigen zu dürfen.

2. Die Befreiung weiblicher Menschen

Es würde mich nicht erstaunen, wenn – dank der Lektüre des vorangegangenen Abschnitts – der ziemlich oft verwendete Ausdruck »Frauen sind die Neger der westlichen Kultur« etwas mehr Farbe bekommen hätte. Es ist jedenfalls nicht schwer, die Parallelen zu ziehen:

a) Nach einer eher mutterrechtlichen und sich nach dem Verwandschaftssystem der Frau richtenden Kultur, über die wir historisch nicht viel sagen können, aber auf die – unter anderem aufgrund zahlreicher Ausgrabungsfunde und verschiedener Hypothesen – geschlossen werden darf, ist in den Beziehungen zwischen den Geschlechtern – wie auch immer – eine einschneidende Veränderung eingetreten. Sie lief darauf hinaus, daß der Mann bestimmt hat, wer die Frau war. Dreißig Jahrhunderte und länger ist es nun so, daß die herrschende Kultur, die sprachbildende Gemeinde, die ein Volk vertretenden Instanzen und die machthabenden Autoritäten ziemlich ausschließlich aus Männern bestanden haben, für die Frauen auf dem Niveau der Entscheidungen, der Strukturen, der Wirtschaft, der Politik und der Kirchen einfach keine ernstzunehmenden Gesprächspartner waren. Frauen hatten in diesem Kontext kein Gesicht, keine Stimme, keinen Namen, sondern sie waren Objekte, über die entschieden und geurteilt wurde. Wir hatten keine – und haben noch immer kaum – Macht, um im öffentlichen Leben als Mit-Subjekte aufzutreten. Wenn wir heute dennoch mitmachen »dürfen«, dann noch sehr oft nur auf die Art und Weise, wie es eben gang und gäbe ist, und unter den schon jahrhundertelang feststehenden männlichen Bedingungen.

b) Viele Frauen haben sich die uns aufgezwungene Projektion so zu eigen gemacht – daß wir nämlich auf zahllosen Gebieten und vor allem dort, wo es um Führung und das Treffen von Entscheidungen geht, minderwertig sind –, daß wir noch immer meinen, daß wir dazu wirklich nicht imstande sind. Sexistische Apartheid hatte und hat meistens subtilere Züge als rassistische Apartheid, weil sie mit physiologischen oder biologischen Unterschieden erklärt und auf ein fixiertes Rollenverhalten reduziert wird. Ein solches Objektsein und Reduziertwerden auf unsere körperliche Erscheinung erfahren junge Frauen immer wieder, wenn sie von Männern angeschaut werden, wenn nach ihnen gepfiffen wird, wenn man sie anfaßt oder Witze über sie reißt und sie nicht mehr zu sein scheinen als eine »Zusammenstellung attraktiver Masse mit einem Kopf darauf«.

c) Es ist auffallend, wie sich immer mehr Frauen, quer durch alle sozialen Schichten hindurch, ihres niedrigen Selbstbildes, der Geschlechtsstereotype und ihrer Machtlosigkeit bewußt werden, sich davon befreien wollen und einen ersten Schritt in den Raum hinaus wagen. Wie die Neger haben auch die Frauen ein Bedürfnis nach Gemeinschaft, nach »Schwesterlichkeit« in der Form von allerlei Gruppen, in denen wir aneinander wirklich eine therapeutische Funktion erfüllen: ich darf den tiefsten Schrei der Zerrüttung und der Geburtswehen ausstoßen, ich werde aufgefangen und festgehalten, bis ich aufs neue lerne, meinen Weg zu gehen. Wir beginnen, unser Frausein von den Wurzeln her neu zu schätzen und daran eine größere Bedeutung zu knüpfen. Wir fangen auch an, unseren Körper, die Erde und alles, was geschaffen ist, in einem neuen Licht zu sehen – nicht mehr als Objekte, die wir beherrschen

wollen, sondern als Mit-Subjekte, zu denen wir in Beziehung stehen. Daß von dieser Warte her auch die Fragen der Ökologie und Technologie neu und kritisch gestellt werden, braucht wohl nicht weiter belegt zu werden. Frausein ist nicht mehr eine abgeleitete Form des Menschseins, nicht mehr untergeordnet und minderwertig, sondern das sogenannt »Weibliche« will aufgewertet werden – nicht nur um der Frau willen, sondern ebenso sehr, um die Männer und damit auch unsere ganze Kultur menschlicher zu machen.
Allmählich gewinnt diese Selbstwerdung von Frauen den Vorrang vor einer allzu bequemen und undurchdachten Nachgiebigkeit gegenüber dem uns so flott gepredigten »Dienen«. Erst das Bewußtsein: wie kann ich für andere auf eine Art verfügbar sein, bei der auch ich selber Mensch werde, führt zu einer guten Form der Dienstbarkeit.

d) In den verschiedenen Befreiungsbewegungen gibt es in bezug auf Sprache, Bilder und Symbole deutliche Parallelen. Die Sprache ist eines der Instrumente, das die in einer Gemeinschaft herrschenden Werte und Normen am feinfühligsten wiedergibt. Frauen, die für ihre abgeleitete Existenz sensibel geworden sind, erkennen sich nur mit Mühe oder selten in der gebräuchlichen Umgangssprache, in der »Mensch« im allgemeinen »Mann« heißt. In verstärktem Ausmaß gilt das für die Sprache von Glauben und Liturgie, in der wir zur Bruderschaft gehören und im übrigen unsichtbar und unhörbar sind oder in jenen herkömmlichen Bildern und Symbolen vorkommen, die nun gerade die traditionelle Fixiertheit aufrechterhalten. Von daher rührt unser Suchen nach unverbrauchten Bildern und das Aufnehmen neuer Symbole (forcieren läßt sich das natürlich nicht: was jahrhundertelang festgefroren war, kann nicht in einer Generation wieder ein lebendiger Strom werden).
Denn wenn Bilder und Symbole nicht mehr überraschen, verweisen und erweitern, sondern Menschen festlegen, dann werden sie zu Stereotypen, die eine lähmende Wirkung haben: was Männer und Frauen nicht mehr in sich selber zulassen, wecken und gestalten, stoßen sie gleichsam ab, verlegen es aus sich heraus und »bekleiden« damit das andere Geschlecht. Dann entsteht jene Unfreiheit, in der ein Mann ein Kerl sein muß, aber kein Schwächling sein darf, in der die Frau eine Maria sein muß, aber keine Eva und ebensowenig ein Mannweib sein darf. Deshalb suchen wir in der Sprache und den Bildern nach tieferen Schichten, um auch Frauen

bei ihrem Namen zu nennen und sie aus der Einschränkung heraus zu einem neuen Leben aufzurufen.

e) Auch Frauen haben entdeckt, daß sie auf die Suche nach ihrer Geschichte gehen müssen, wenn sie ihren Vormüttern gerecht werden und selber Menschen mit geschichtlichen Wurzeln werden wollen. Nur wer ihre Vergangenheit nicht verdrängt, sondern auf sich nimmt, kann damit in ihrem Heute kreativ umgehen und den Groll vermeiden, so daß sie auch den Raum in die Zukunft hinein öffnet und offen hält. Frauengeschichte ist ein neues Forschungsgebiet geworden.

f) Es liegt auf der Hand, daß Frauen in ihrem Befreiungskampf alle Formen patriarchalischer Bevormundung und männlicher Machtstrukturen zurückweisen, daß sie der Machtpyramide den Kreis der Gleichwertigen vorziehen und versuchen, die Autorität, die Menschen aus ihrem Inneren heraus zukommt, nicht dadurch zu gefährden, daß alle Macht dann bei solchen Menschen zentralisiert wird. Man hat uns gelehrt, daß Macht korrumpiert. Aber das ist eine Lüge: der Mißbrauch der Macht korrumpiert, aber es ist auch die Machtlosigkeit von Menschen, Rassen und Weltteilen, die menschenunwürdige Zustände verursacht. Die Wahrheit ist eigentlich ganz einfach: Macht ist da, um geteilt und nicht, um bei einem einzelnen zentralisiert zu werden.

g) Gleich wie der Begriff »schwarz« erweitert und intensiviert worden ist, wandelt sich auch die Bedeutung von »Schwesterlichkeit« und »Feminismus«. Gerade darum wollen wir uns diese Bilder oder Bezeichnungen – allen Widerständen und allem Lächerlichmachen zum Trotz – nicht nehmen lassen. Denn es geht um die Befreiungsprozesse von Frauen, die – quer durch soziale und kulturelle Schichten hindurch – spezifische Erfahrungen der Unterdrückung, Einschränkung und Entfremdung von sich selbst durchmachen und in der Folge die herrschenden Strukturen der Macht der wenigen und der Machtlosigkeit der vielen erkennen. Die Intensivierung drückt sich vor allem in der wachsenden Solidarität zwischen all den Schwestern aus, die sich in einem solchen Befreiungsprozeß befinden. Die Erweiterung kommt in der Erfahrung zum Ausdruck, daß auch Männer »Feministen« sein können: jene Männer nämlich, die für die Apartheid, die jedem Geschlecht auferlegt wird, sensibel geworden sind und es wagen, das »Weibliche«

oder die »Anima« in sich selbst zuzulassen. Auch sie machen dann die gleiche Erfahrung, wie sehr dieser Aspekt in unserem menschlichen Leben »unterliegt«, nach Aufwertung verlangt und zur Ganzwerdung des Menschen beiträgt. Um diese Aufwertung – wenigstens in einem Aspekt – zu beleuchten: es ist nicht zuletzt die Überschätzung des griechischen logischen und abstrakten Denkens gewesen, das die Trennung zwischen dem Hellen und Dunklen, dem Bewußten und Unbewußten, dem Unabhängigen und Abhängigen, den abstrakten, allgemeinen Vorstellungen und der konkreten, komplizierten Wirklichkeit mit-bewirkt und sichtbar gemacht hat. Und wir wissen, wie sehr das Dunkle, Unbewußte, Abhängige und Komplizierte auf die Frauen projiziert worden ist ... Dabei ist beides in beiden Geschlechtern vorhanden und kann dort einen fruchtbaren Nährboden für die Entfaltung androgyner Menschen bilden.

h) Es gibt auch äußerst emanzipierte Frauen, die im Feminismus eine Regressionserscheinung sehen und sich darüber ärgern oder lustigmachen. Sie haben sich »freiwillig« in die herrschende Kultur integrieren lassen, sich ihr angepaßt und können nun nicht mehr viel anderes tun, als die Männer imitieren und im besten Fall manchmal ein bißchen den Kurs korrigieren. Sie haben kein Bedürfnis, gegen die bestehende Kultur vorzugehen und Breschen hineinzuschlagen, sondern voreilig eine Art oberflächliche »Versöhnung« zwischen den Geschlechtern zustandegebracht, die niemanden befreit und der Solidarität in der Schwesterlichkeit Abbruch tut.

3. Glaubenserfahrung und Glaubensreflexion

Frauen, die sich selbst entdeckt und von sich Besitz genommen haben und anfangen, an sich selber zu glauben, bekommen auch ein neues Verhältnis zu ihrem Glauben. Manche halten das ganze Paket von Glaubenslehre, Kirche und Religion für erledigt, wenden sich davon ab und sind davon überzeugt, daß ihnen hierarchische Kirchen und ein autoritär auferlegter und in männlichen Bildern dargestellter Glaube wenig Gutes und viel Übles angetan hat. Wieder andere bewahren ihren Sinn für Religion, füllen aber so wenig wie möglich hinein, um zuerst einmal eine Zeitlang in einem möglichst offenen Raum zu leben. Schließlich gibt es Feministen, die

sich aufs neue auf die Suche machen nach dem, was die jüdisch-christliche Tradition auch ihnen an Offenbarung schenken kann, wenn sie ihrer Einseitigkeit entkleidet wird.
Damit werden Frauen selbst zum Subjekt ihres Glaubenshandelns, -erfahrens und -denkens. Feministische Theologie ist damit eine Form der Befreiungstheologie, die immer auch eine auf Kontext und Situation bezogene Theologie ist, das heißt: es ist immer eine ganz genaue Analyse der konkreten (Unterdrückungs-)Situation nötig, in der Menschen leben, um auf dieser Basis ihr Verlangen nach einer gereinigten, sie nicht mehr entfremdenden Theologie verstehen zu können. Das kann beinhalten, daß sich die Glaubenserfahrungen schwarzer Menschen in Südafrika von denen der Neger in Nordamerika unterscheiden; sicher bedeutet es, daß wir – wenn es um Frauen geht – die Wirklichkeit verfehlen, wenn wir von »der Frau« (einer Art universellem Konzept) oder »den Frauen« reden, denn wir bilden ja keine große, unterschiedslose Masse, kein Stereotyp ohne Namen, Geschichte und Kontext.
Die Wirklichkeit ist für uns ja gerade sehr unterschiedlich, je nachdem, ob wir weiße, middle-class, westliche, im Kapitalismus lebende Frauen sind oder im gleichen Westen dem Proletariat angehören, ob wir farbige Frauen einer sozialen Oberschicht sind oder in einer unterdrückten Gesellschaft der Dritten Welt auch noch wirtschaftlich unterdrückt werden. Wir erleben im Feminismus, daß uns die Bewußtwerdung der uns selber einschränkenden Kultur auch sensibel gemacht hat für andere Formen von Unterdrückung und Ausbeutung, wo immer sie in der Welt Männern und Frauen angetan werden. In diesem Sinn will »Schwesterlichkeit« – auch ekklesiologisch verstanden – die tiefe Verbundenheit zwischen allen Unterdrückten zum Ausdruck bringen; sie will eine inklusive kirchliche Gemeinschaft sein, ein Volk Gottes auf der Suche nach Befreiung und Menschwerdung. Man kann darin auch einen ontologischen Prozeß sehen: eine Frage von Sein oder Nichtsein. Indem sie bei *Tillichs* »Mut zum Sein« anknüpfen, entdecken Schwarze und Frauen, daß für sie bis vor kurzem »Sein« in der Tat »Weiß-sein« oder »Mann-sein« bedeutete, und »Schwarz-sein« oder »Frau-sein« folglich zu den Kategorien des »Nichtsein« gehörten. Jetzt, wo eingeschränkte Menschen auf der ganzen Welt dazu gelangen, ihr Sein mit dem Schrei »Ich bin ich selbst; ich nehme mein Leben auf mich« zu bekräftigen, erfahren sie, daß sie in einem tiefen geistigen Prozeß stehen und als Abbild Gottes teilhaben an Gottes Sein und seiner schöpferischen Macht. Der Gott Is-

raels hat sich ja geoffenbart als »Ich bin, der ich bin; ich bin für euch und mit euch und ich werde euch zum Sein bringen«. Mehr als alle anderen Bilder in der Bibel vermittelt dieser »Gott als Tätigkeitswort«, der Seiende und die Quelle des Seins, den Frauen eine Lebenserfahrung, die dynamisch ist und Menschen nicht unbeweglich macht, die kosmisch ist und Menschen mit der ganzen Schöpfung verbindet, die heilend ist und Menschen nicht auf ihren Körper und starre Bilder festlegt.

Es ist verständlich, daß schwarze Menschen auf Gottesbilder allergisch sind, die der Unterdrücker bis auf unsere Tage gebraucht hat, um den Schwarzen untenzuhalten: »allmächtig, allwissend und allgegenwärtig«. Für Frauen sind die maskulinen, patriarchalischen Gottesbilder von Übel. Beide suchen nach relationalen Bildern, die Befreiung, Gerechtigkeit und Ganzwerdung des Lebens ausdrücken. Der Gott des Exodus aus den ungerechten Strukturen drückt diese Befreiung aus. Und in Jesus von Nazareth kommt uns Gottes Ganzheit in einer androgynen Menschlichkeit nahe, die Jesu Männlichkeit nicht verschleiern will, sondern sichtbar macht, in was für einer spannungsvollen Harmonie die beiden Komponenten zusammengehen können.

Ich selber bin immer mehr davon überzeugt, daß die Menschwerdung der Frauen eines jener Zeichen unserer Zeit ist, die prophetisch genannt werden dürfen; sie ist eine Frucht der Wirkung des Heiligen Geistes, der die Söhne und Töchter weissagen läßt. Diese Vision von Joel erfüllt Petrus, als er an Pfingsten das Wunder von Gottes Geist erlebt. Pfingsten ist das Fest der Mündigwerdung von Gottes Gemeinde: der Geist kommt über die Apostel, über Maria, über die Frauen, die im Obergemach zusammen sind. Der Geist atmet ihnen neues Leben ein, das Potential des Reiches Gottes muß nun in die Tat umgesetzt werden.

Zunächst schien es gut zu gehen in der Glaubensbewegung, die noch nicht in die herrschende Kultur integriert war. Aus einer ursprünglichen Quelle neuen Lebens heraus können auch Frauen in der Fülle leben, Gastgeberin, Diakon, Lehrer und Apostel sein, kurzum: die Gemeinde mitformen. Leben aus dem Geist kann nie eine marginale Existenz sein. Wenn wir heute in der schwarzen Theologie immer wieder auf die Aussage stoßen, daß Menschen ein randständiges Leben führen, daß sie zu »Nullen« reduziert worden sind; wenn in der feministischen Theologie immer wieder die Erfahrung durchklingt, daß Frauen so oft ein verkümmertes Leben führen müssen, dann müssen wir zum Schluß kommen, daß

der, welcher einem andern jede Form von Weite verweigert, gegen den Geist sündigt. Nach ihrem hoffnungsvollen Anfang wurde die Kirche leider Teil der bestehenden Kultur, der politischen und sozio-ökonomischen Verhältnisse. Aus dieser Situation heraus ist die Bibel im Lauf der Zeit unzählige Male mißbraucht worden, um Menschen auf ihrem Platz festzuhalten, um die sozialen Stände zu rechtfertigen, die Kolonialisierung und Ausbeutung von Rassen und Stämmen zu beschönigen und um »die Rolle und den Platz der Frau« zu legitimieren.
Jede Form von Befreiungstheologie fängt wieder mit einem Exodus aus der Erstarrung und Erstickung an und versucht, die Bibel von jeder einseitigen – sei es rassistischen oder sexistischen – Interpretation zu reinigen. Sie will falsche Bilder abbauen, negative Selbstbilder austreiben, glaubt an die Auferstehung aus Leiden und Tod und trachtet danach, die Utopie des Reiches Gottes näher herbeizubringen, indem sie mit dem Geist als Transformator (Umwandler) zusammenarbeitet, um das Angesicht der Erde zu erneuern.

4. Dissonanzen und Harmonien

Die Frage, die Feministen immer wieder gestellt wird, läuft darauf hinaus: Ist eure Bewegung eigentlich nicht ein Luxus, den sich Frauen in den westlichen Ländern erlauben können, der aber bedeutungslos ist für Frauen in der Dritten Welt, die mit ihrem Volk zunächst für grundlegende Lebensbedingungen kämpfen, ein Ablenkungsmanöver für die schwarze Frau, die sich mit dem Kampf ihrer Männer für die Anerkennung ihrer Menschenrechte solidarisieren?
Aufgrund persönlicher Erfahrungen im Rahmen der Kultur, in der ich lebe und weil ich anderen Menschen zugehört habe, dazu aus der Lektüre sowohl aus Ostblockländern wie den Befreiungsbewegungen in der Dritten Welt komme ich jeden Tag tiefer zur Überzeugung, daß offenbar nur der Feminismus zu jener letzten und fundamentalsten Apartheid durchzudringen vermag, die die Geschlechter voneinander getrennt hat, indem sie dem einen Geschlecht eine herrschende Stellung über das andere eingeräumt hat. Das spielt sich auf zwei Ebenen ab: Persönlich müssen sich noch unendlich viele Frauen als Mensch befreien, in wachsender Autonomie ihren eigenen Raum einnehmen und Subjekte ihres Le-

bens werden; darüber hinaus kann der Feminismus aber auch einen Ansatz zur Vermenschlichung und Heilung einer Kultur und Religion bieten, in der bis heute einseitige Werte und Normen den Gang der Dinge bestimmt und in unserer Zeit die Welt in eine Sackgasse getrieben haben. Zur Illustration will ich die Schlußfolgerungen einiger wichtiger Denker anführen.

Andreas Burnier behauptet – übrigens in einem sehr kritischen Artikel über den Feminismus –, daß die denkerische Kraft der rein rationalistischen Philosophie etwa von Aristoteles, Thomas von Aquin und anderer von großem Wert für die Emanzipation der Menschheit war, aber auf Kosten des weiblichen Menschen gegangen ist. Was die Menschheit an Wissen gewann, verlor sie an Weisheit; was sie an Autonomie eroberte, ging ihr an Verwurzelung in der Wirklichkeit ab. Der Mensch ist dann zwar frei, aber nicht mehr in den Kosmos aufgenommen; zwar autonom, aber inmitten der sozialen Ordnung einsam. Die betonte Männlichkeit ist eine notwendige Phase in der Entwicklung der Menschheit, aber sie geht heute zu Ende. Wir stehen am Vorabend einer neuen Kulturperiode, in der die erworbene Fähigkeit des Denkens und die geistige Freiheit weiterhin neben einem Denken in Bildern eine Rolle spielen, wo das Bewußte wichtig bleibt, aber auch das Unbewußte dazugehört, wo der Dionysische Aspekt nicht weniger Bedeutung hat als der Apollinische. Dabei kann nicht die Rede sein von einer Regression, einem Zurückfallen in die »rosarote Atmosphäre des Gruppenuterus«, sondern es geht um eine neue Integration auf einem höherem Niveau.

Herbert Marcuse beschreibt in einem sehr persönlichen Artikel, wie er selbst ganz klar die Notwendigkeit des Feminismus erkannt hat, wenn wir zu einer besseren – sozialistischen – Gesellschaft kommen wollen. Die Befreiung der Frau ist ein schmerzhafter Prozeß (für Frauen, aber auch für Männer) und eine vitale Phase im Übergang zu einer für Männer und Frauen besseren Gesellschaft. Nur der Feminismus kann den Sozialismus verändern, der noch immer Elemente des Leistungsprinzips in sich trägt: die Produktion fördern, die Natur beherrschen, die Arbeit der Freizeit gegenüberstellen. Der Feminismus trägt das Potential für eine qualitativ andere Lebensform in sich, er kann Arbeit und Leben näher aneinander heranbringen, die Leistung relativieren, die Lust am »Sein« vergrößern und Sinne und Verstand von der Vorherrschaft der Rationalität befreien, so daß wir auf eine schöpferische Empfänglichkeit zuwachsen, die die repressive Produktivität verschwinden läßt.

Beim Übergang von einer Kultur des »Habens« zu einer Kultur des »Seins« kommt uns natürlich *Erich Fromm* in den Sinn, der die Befreiung der Frau als eines der Kennzeichen der neuen Gesellschaft bezeichnet. Wenn die Frauenbewegung, so Fromm, gegen die massive Konzentration der Macht sowohl im Kapitalismus wie im Kommunismus als Vertreterin der Anti-Macht auftreten kann, dann wird sie im Kampf für eine neue Gesellschaft von entscheidendem Einfluß sein.

Mehr implizit knüpft hier *Ivan Illich* an, der anstelle von »Fortschritt« auf dem Gebiet der wirtschaftlichen Produktion mit dem Begriff der »Grenze« arbeitet. Nur innerhalb dieser Grenze kann von gesellschaftlicher Freiheit und Gleichheit die Rede sein. Illich steht eine »conviviale« (»gastfreundliche«) Gesellschaft vor Augen, in der die natürlichen Bedürfnisse noch nicht durch künstlich auferlegte ersetzt worden sind.

Und, so füge ich hier an, in der »convivium« (»Gastmahl«) wieder in seiner ursprünglichen Bedeutung verwirklicht wird: miteinander Mahlzeit halten, um einen Tisch herum, in einem Kreis leben, in dem sich Menschen anschauen und miteinander reden können und einander dadurch zum Leben bringen.

Mit vielen Philosophen der Dritten Welt verhält es sich wie mit der dort entstandenen Befreiungstheologie: sie nennen Frauen verhältnismäßig selten auf explizite Weise, und es ist eher so – wie *Achterhuis* es sieht – daß ihre »allgemeinen Analysen des Gegensatzes zwischen Unterdrückern und Unterdrückten gleichsam darauf drängen, in manchen Punkten anhand der Beziehung zwischen Mann und Frau konkretisiert zu werden«[1]. Zum Schluß: die Befreiung der schwarzen Frau. Bei allen Parallelen, die mir zwischen der schwarzen und der feministischen Theologie aufgefallen sind, hat mich dennoch die (bis jetzt) völlige Abwesenheit der schwarzen Frau und des Verhältnisses zwischen den Geschlechtern bestürzt. Auch hier ist die Gefahr, daß die Frau nach dem Freiheitskampf wieder in die Küche zurückgeschickt wird, keine Einbildung. Zum Glück haben an einer Zusammenkunft schwarzer Theologen in Accra (1978) die dort anwesenden Theologinnen offenbar die Forderung nach Zusammenarbeit aufgestellt.

Es ist ein nicht-schwarzer, südafrikanischer Theologe, *Basil Moore,* der auf beiden Ebenen seine Warnungen hören läßt:

– Wenn es irgendwo Menschen gibt, die unter einem doppelten Joch seufzen, dann sind es die schwarzen Frauen Südafrikas: ein

»Niemand« für die weißen und ein Besitz für die schwarzen Männer.
– Im Hinblick auf die weißen, westlichen Gottesbilder, gegen die sich die schwarze Theologie auflehnt, legt Moore den Nachdruck besonders auf deren männliches Geschlecht, das die Schwarzen nicht übersehen sollten. Ihm mißfällt darum auch eine Strömung innerhalb der feministischen Theologie, die alle Bilder abschaffen will. Er plädiert eher für aufrufende, ja sogar provozierende Gottesbilder, die das Tabu durchbrechen, daß das Schwarze oder Weibliche nicht würdig ist, das Göttliche abzubilden. Für Moore stellt das Gottesbild »sie ist schwarz« auch eine Einladung an den Mann dar, seine eigene »Weiblichkeit« zu erkennen und zu entdecken, »wie sehr unsere eigene Menschlichkeit zukurzkommt, wenn wir uns unsere Weiblichkeit nicht eingestehen. Hier haben wir Männer unseren äußerst wichtigen feministischen Kampf zu führen, das heißt unsere eigene soziale Weiblichkeit zu befreien. In diesem Kampf mit uns selbst, unter dem weiblichen Gottesbild, das gerade jene sozialen Züge bekräftigt, die zu unterdrücken uns das männliche Gottesbild ermutigt hat, können Frauen gar nicht unmittelbar teilnehmen«[2]. Moore ist gegen eine billige, vorschnelle Integration, eine wohlfeile Versöhnung zwischen den Geschlechtern, wenn nicht beide bereit sind, zuerst den schmerzhaften Auszug auf sich zu nehmen. Echte Versöhnung kann erst geschehen, wenn wir über die Erkenntnis von Leiden und Entbehrung, über die Anerkennung des anderen und die Bewußtwerdung des eigenen Anteils – jeder von seiner Seite her – zum Platz der Begegnung kommen, zur Quelle des lebendigen Wassers, wo der Dialog zwischen der Samariterin und Jesus von Nazareth stattfindet, der ihr verkündigt: Gott ist Geist.

IV. Flügelaltar für Maria

1. Wenn der Nebel aufzieht

Ich erzähle hier die Geschichte vom Platz, den Maria im Leben »eines katholischen Mädchens« einnahm, und davon, wie sie im Nebel verschwunden und daraus wieder neu zum Vorschein gekommen ist. Zwischen Kindergarten und Studentenzeit war mein Leben voll von Mariennamen und Marienbildern. Uns drei Schwestern wurde allen »Maria« als dritter Name gegeben, und in vielen Zimmern meines Elternhauses stand ein Marienbild, oft mit einer Kerze oder einer Blume davor. Meine Mutter war eine große Verehrerin der Heiligen, und so machte ich schon früh Bekanntschaft mit Heiligen wie Joseph, Antonius, Theresia oder Gerhard. Noch heute kann ich mir ihr Bild, deutlich in Farbe und Form, in Erinnerung rufen. Maria dominierte zuhause nicht: in aller Unbefangenheit standen Christusbilder (Heiliges herz) und Marienbilder nebeneinander, ohne daß wir dies als Konkurrenz erlebt hätten. Mutter war immer mit Blumen und Kerzen beschäftigt, und sowohl die erste Rose aus dem Garten, im Mai, wie die letzte, im Oktober, wurde zu Maria gebracht. In der Glasveranda stand ein Kästchen, eine Art kleiner Altar, voll von Blumen und Pflanzen (und von uns Kindern gepflückten Gänseblümchen) für den Heiligen des Monats – für Maria im Mai und Oktober, für das Heilige Herz im Juni und für St. Joseph im März.

Ganz zarte und liebe Erinnerungen gehen zurück zur Maienandacht in der Kirche: Maria hoch zwischen Blumen und Kerzen, in einer Aureole von Licht, dann der Weihrauch und die vielen Liedlein wie »Der liebe Mai ist kommen ...«. Schön und häßlich gab es für mich noch nicht; wenn ich nur mitsingen und zu Ihr emporschauen durfte. Den kleinen Rosenkranz nahm ich nur zur Hand, weil es sich so gehörte, denn damit habe ich nie viel anfangen können. Ich fühlte mich aufgenommen in eine Wolke von Zärtlichkeit, Poesie und Lieblichkeit; ich hatte alle Menschen gern, und alles war Friede. Das war »comfort«[1]. Und nachher mußte ich mich erst

wieder an die Kälte der Straße gewöhnen. Später war ich auf einem römisch-katholischen Mädchengymnasium, das »Maria Virgo« (Jungfrau Maria) hieß, und Mitglied einer Maria-Kongregation mit blauen Bändern. Dann unterrichtete ich selbst an zwei Schulen mit den Namen »Maria Regina« (Königin Maria) und »Maria Assumpta« (Aufgefahrene Maria). Und plötzlich wurde mir das alles zuviel. Denn für uns Mädchen und Frauen gab es nur ein einziges Vorbild: das der niedrigen und reinen Jungfrau Maria. Immer wieder wurde uns verkündigt, daß auch für uns – dienstbar, züchtig und im Hintergrund, bescheiden und unsichtbar – eine Gott wohlgefällige Aufgabe bereitlag. Dies paßte schon damals, in den dreißiger Jahren, nicht mehr zu unseren Erfahrungen, und Maria wurde ein Schatten in meinem Dasein.
In den fünziger Jahren begann eine zweite Periode. Es war die Zeit der »nouvelle théologie«; wir gingen zurück zu den Quellen und versuchten alles wegzuräumen, was das Ursprüngliche verdeckt hatte, und die Ökumene trat deutlicher ins Blickfeld. Grund genug also, um kurzen Prozeß zu machen mit allem römischen Aberglauben, aber damit auch mit tiefverwurzeltem Glauben. Wir hatten Mühe mit dem ungelegen kommenden Dogma von Mariä Himmelfahrt (1950) und waren unfähig, mit der Maria von Lourdes und der Maria von Fatima, die damals von Stadt zu Stadt getragen wurde, irgend etwas anzufangen. Immer mehr fühlte ich mich der mir verkündigten Marienverehrung entfremdet. Nur die Maienandacht ließ ich mir nicht nehmen, und ich nahm meine Kinder dazu mit. Wer an Mariä Heimsuchung geboren wurde und an Mariä Lichtmess Hochzeit gefeiert hat, läßt sie doch nicht so leicht fahren[2]!
Die Wende kam, als mich ein reformierter Nachbar einlud, im Rahmen der Ökumene einmal in seiner Gemeinde über die Marienverehrung zu berichten. Es war mir nicht genug, bloß mit meiner Dürftigkeit anzurücken, und ich las deshalb die neuen Bücher, die damals gottseidank gerade erschienen: von *K. Rahner, E. Schillebeeck* und *R. Guardini*. Meine Augen gingen endlich auf, und ich entdeckte die Maria der Evangelien als die erste Gläubige des Neuen Bundes. Ich erinnere mich noch immer an meine Freude und Überraschung, aber auch an meine Entrüstung, daß uns diese Maria nicht überliefert worden war[3].
Seit dieser Entdeckung haben zwei Episoden aus den Evangelien tief in meinem Leben Fuß gefaßt: Marias Besuch bei Elisabeth und die Zeit der Erwartung, die wir Advent nennen. Um mit der zweiten zu beginnen: Wer diese vier Wochen vor Weihnachten mit der Bi-

bel erlebt, begegnet drei Gestalten: Jesaja, Johannes, dem Täufer und Wegbereiter, und Maria, die ihr Kind erwartet, das der Messias werden wird. Hier kommen tiefe Glaubenszusammenhänge ans Licht. In Maria jedoch erlebt das gläubige Herz auch Rührung: in all ihrer Verletztlichkeit ist sie nicht das Bild der Passivität, sondern das der bewußten Empfänglichkeit für ein Heil, das ihr verkündigt worden ist und das sie dank ihrer Haltung auch zur Welt kommen läßt. An den kurzen Tagen vor Weihnachten kann mich in der stillen Stunde zwischen Hell und Dunkel ein Licht vor dieser ›Maria-in-Erwartung‹ ganz nah zu mir selbst bringen. Mir wird dann bewußt, daß Glauben ein empfängliches Herz braucht, das sich für die Frucht des neuen Lebens öffnet, und einen Schoß, der sich aufschließen läßt, um dieses neue Leben hervorzubringen, wenn es gereift ist.
Während ihrer Schwangerschaft besucht Maria ihre Verwandte Elisabeth. Sie beide stehen in der Heilsgeschichte ihres Volkes neben Sara, Rachel und Hanna, die selber in gnadevollen Augenblikken, die aus dem Lauf der Zeit besonders hervorgehoben sind, ›Leben zum Heil‹ hervorbrachten, indem sie sich in Gottes Heilshandeln mit den Menschen einfügten. »Ich bin gekommen, meine liebe Cousine«, dichtet der Schritsteller *Anton van Duinkerken*, »weil die Welt jetzt einen neuen Anfang bekommt ...«.* Kaum hat Maria, erfüllt von Leben, Elisabeth begrüßt, fühlt diese ihr Kind in ihrem Schoß aufspringen. Leben weckt auf zum Leben. Ich sehe die beiden Frauen vor mir, erfüllt von ihrem Geheimnis und vom Geist, der sie umfing und sie verstehen ließ, daß dieses Geheimnis weiterreicht als sie auch nur ahnen konnten. Leben verlangt nach Gemeinschaft; Freude will geteilt sein – und darum machte sich Maria auf den Weg.
Und in dieser geistigen Verzückung läßt die Bibel Maria mit den Worten reden, die sie aus ihrer Tradition kennt, aus den Psalmen und aus dem Gebet, das Hanna, die Mutter Samuels, schon gesprochen hat: ›Meine Seele erhebt den Herrn; die Niedrigen erhöht er; aber Gewaltige stürzt er von ihren Thronen.‹ Maria verkörpert hier nicht das Bild der mächtigen Frau, sondern das des Gemeinschaft stiftenden, Leben weckenden und zum Heil (das heißt zur Ganzheit) gelangenden Menschen, zu dem wir alle bestimmt sind. Ein auf diese Wiese durch die Bibel inspiriertes Glauben an Maria ist ein Glauben, das einem Tätigkeitswort entspricht: challenge,

* So beginnt das Gedicht »Maria by Elisabeth« in der Sammlung »Hart van Brabant« in »Verzamelde Gedichten«, Utrecht/Antwerpen o. J., S. 61.

Herausforderung. Aufruf an Frauen und Männer, geheilt zu werden, indem sie Macht ablegen, einander zum Leben wecken und nicht in den Tod führen. Der südamerikanische Theologe *Gutiérrez* läßt uns sehen, wie sehr das Magnificat die Spiritualität der Befreiung zum Ausdruck bringt, die ihren Ursprung in der Spiritualität der »anawim«, der Armen Jahwes, hat.
Was beobachte und erfahre ich nun so an Marienverehrung um mich herum? Wenn ich durch die Stadt gehe, sehe ich, wie Menschen in eine Marienkapelle hineingehen, ihr Bild grüßen, ihre Sorgen kurz bei ihr niederlegen und dann wieder weiterziehen. Ich höre, daß viele nach Lourdes und anderen Wallfahrtsorten gehen. Die comfort-Funktion lebt nicht als einzige, aber sie nimmt an Bedeutung wahrscheinlich zu. Daß ich die zweite Phase – die selbst entdeckte biblische Maria – auch so stark um mich herum feststellte, kann ich jedoch nicht sagen. Ich vermisse Maria – in der Liturgie, in den Fürbitten, in den Schriftlesungen, im Feiern ihrer Festtage, und vor allem in der Verkündigung. Es ist typisch, daß das apostolische Mahnschreiben von Papst Paul VI. über die Marienverehrung vom 2. Februar 1974 in der niederländischen Presse kaum behandelt worden ist, jedenfalls nicht zu tiefergehenden Besprechungen geführt hat (von ein paar Ausnahmen, und zwar von reformierter Seite, einmal abgesehen). Ist es Allergie auf Rom oder auf Maria, daß wir davon nicht einmal ernsthaft Kenntnis nehmen?

Weder bei Freunden und Bekannten noch bei meinen Theologiestudenten in Nimwegen, von welchem Jahrgang sie auch seien, ist je die Rede von Maria. Sie ist einfach nicht mehr da. In den sieben Jahren, in denen ich an der Katholischen Universität Nimwegen mit pastoraler Superversion beschäftigt war, habe ich weder von Priestern noch von Studenten je eine Predigt über Maria gehört noch ein Gespräch mit jemandem, der oder die sie zur Sprache gebracht hätte (diese Erfahrung ist natürlich beschränkt, aber sie sagt doch etwas aus). Ich betrachte das als Gefühlsverlust, als Verlust für das Ausdrücken unserer Affektivität. Inzwischen hat Maria dank meines Lehrauftrages für Christentum und Feminismus und dank eines Seminars über ihre Gestalt an der Theologischen Fakultät ein Comeback erlebt! In der Studentenkirche ist in einem der letzten Jahre immer wieder und oft beeindruckend die Geschichte von Abraham laut geworden und damit der Aufruf »Geh aus deinem Vaterland«, aus deinem Eingeschlossensein heraus. Aber in der Adventszeit hätte das Bild von Maria, das ziemlich verlassen hinten in der Kirche steht, bei der Bibel und beim Altar stehen müssen – als ein Hinweis auf ihren Lebensweg. Wenn wir das unterlassen, halbieren wir unser Leben und damit unseren Glauben. Auch Maria muß wieder beim Namen genannt werden.

Seit einiger Zeit treiben mich vor allem, wenn ich an die Zukunft denke, ein paar wichtige Fragen um, die einen Mißklang bilden zum harmonischen Akkord der Freude über die neu-entdeckte schriftgemäße Maria. Es wäre nicht ehrlich, wenn ich den Eindruck erweckte, daß ich mit der Mariologie ins reine gekommen und mit ihr zufrieden bin. Bis vor kurzem vielleicht schon. Heute bin ich mir jedoch bewußt: Menschen, die beunruhigt sind über das Heillose eines überwiegend, manchmal ausschließlich männlichen Christentums (das aus einem noch patriarchalischeren Israel hervorgegangen ist), müssen noch eine ganze Reihe von Fragen näher untersuchen. Es ist nicht schwer einzusehen, daß der Mythos von Eva, der verführten Verführerin, in den Kontext einer patriarchalischen Art des Denkens und Erfahrens gehört. Sie ist eine Projektion und der Sündenbock für alle tiefen und unbewußten menschlichen (männlichen) Ängste und Schuldgefühle. Eva ist nicht, wie in vielen anderen alten Religionen, die Magna Mater, die Urmutter, die anzieht, aber auch Furcht einflößt, weil sie das Mysterium von Leben und Tod in sich trägt. Es ist, als wenn das Zweifache im Symbol der weiblichen Seinsweise auseinandergelegt worden wäre. Eva erscheint in der Bibel nur noch als blasser Schatten der reicheren kosmischen Urweiblichkeit, weil sie – kaum ist sie da – auch schon sündigt. Ihre dunkle Kraft ist reduziert und abgeschwächt worden zur Verführung des Mannes Adam[4]. Seine Schuld wird allgemein, aber Eva hat ihn dazu angestiftet. Sie wird zur Pforte der Hölle (so sagt es Tertullian) und verliert den tieferen kosmischen Sinn, auf den uns ihr Name noch heute hinweisen könnte.
In der Mariologie geschieht das Umgekehrte. Auch aus Maria ist das Ambivalente verdrängt worden; von ihr strahlt nur noch unzweideutige Heiligkeit aus. Sie ist die Pforte zum Himmel. Und die Tochter des Vaters, die Mutter des Sohnes, die Braut des Heiligen Geistes, Gibt es Maria eigentlich nur in Beziehung zu ...? Oder verweist ihre »Jungfräulichkeit« auf eine Geschlossenheit, ein Vollständigsein in sich selbst; könnte sie ein Bild weiblicher Autonomie sein? Das sind Fragen, mit denen sich eine radikalere Theologie beschäftigt: Befreiungstheologien, die in einer feministischen Perspektive stehen[5].

Maria, die erste der Gläubigen, die in der Frömmigkeit der Armen Jahwes lebt, und Maria, die Himmelskönigin: sind sie dieselbe? Oder ist eine ein Auswuchs der andern? Bedarf unser Gottesbild nach Jahrhunderten ausschließlicher Männlichkeit und einer unerbitterlichen Ethik, die die menschliche Sexualität unterdrückte, nicht dringend der Ergänzung? »Wir haben Maria überdeckt mit Bildern, die der Niederschlag unserer unbewältigten Konflikte sind ... unter anderem mit der ungelösten Spannung zwischen Erotik und Sexualität«[6]. Die Menschen von Ephesus waren nicht grundlos so begeistert, als die Konzilsväter Maria im Jahre 431 zur Theotokos, zur Gottesmutter, ausriefen. Tief in ihnen drin lebte ein Urbedürfnis nach einer göttlichen Frau, nach einem Bild für den kosmischen Grund ihres Lebens, in dem sie sich erkennen konnten. Warum sind wir dem immer so abgeneigt gewesen? Warum haben wir davor so viel Angst?

Im Text des Papstes lese ich, daß die Marienfeste vom 2. Februar und 25. März einen neuen Namen bekommen haben: nicht mehr Mariä Lichtmeß, sondern Darbringung des Herrn; nicht mehr Mariä Verkündigung, sondern Ankündigung des Herrn. Wenn die Mariologie nur noch auf die Christologie bezogen wird, so stellt das eine »Korrektur« dar, über die ich vor kurzem selber noch recht glücklich gewesen wäre. Aber jetzt sind mir doch Zweifel gekommen. Konsequent ist dieser Schritt sicher. Aber auch heilsam?

2. Maria – ein Vorbild für die Frau in der Römisch-Katholischen Kirche?

»Ob ich Maria verehre? Ich glaube nicht. Wohl habe ich heute ein bißchen das Gefühl, daß ich mit ihr die Hoffnung auf unsere Befreiung und die Aussicht auf das Reich Gottes teilen darf. Das ist mir Gnade genug.« (Eine Studentin)

Über das Verhältnis zwischen der Verehrung von Maria und ihrer Vorbildlichkeit für katholische Frauen zu schreiben, ist ein schwieriges Unterfangen, das noch kaum in Angriff genommen worden ist. Es verlangt nicht nur eine Vertrautheit mit mehreren Gebieten der Theologie und der Humanwissenschaften, sondern muß auch berücksichtigen, daß sich die Marienverehrung in verschiedenen Teilen der Kirche in einem sehr unterschiedlicben Zustand befindet; zudem gibt es »die« katholische Frau gar nicht. Frauen stehen heute auf allen Gebieten des Lebens in ganz unterschiedlichen

Phasen ihrer Entwicklung und Bewußtwerdung; das gilt auch für Glauben, Religion und Kirche. Auf die Frage: ist Maria für sie eine Identifikationsfigur, läßt sich somit keine eindeutige Antwort geben. Ich kann nicht viel mehr als ein paar Eindrücke wiedergeben, auf Entwicklungen hinweisen und Fragen stellen. Denn wir stehen heute an einem Kreuzpunkt: viele wenden sich enttäuscht oder erleichtert ab, viele machen aber auch ganz ruhig in der Kirche weiter wie bisher, und wieder andere suchen nach neuen Wegen, um auf diese Weise ihrem Gewissen und ihrem Auftrag zu verantwortlichem Leben die Treue zu halten.

Auch mit dem Studium der Mariologie ist diese Frage nicht zu beantworten. Sie spielt natürlich mit, aber ich mußte noch mehr Quellen heranziehen. Neben Schrift und Tradition ist in der römisch-katholischen Kirche ja auch die Lehrautorität von großer Bedeutung[1].

Ferner habe ich in Predigten, Monatszeitschriften aus der Frauenbewegung und ähnlichen Quellen gesucht, um zu sehen, wie es dort um diese Frage steht. Darin fällt auf, daß nach einem nicht aufzuhaltenden Strom der Beredsamkeit bis tief in die fünfziger Jahre hinein (de Maria numquam satis! von Maria kann gar nie genug die Rede sein!) ein Stillschweigen oder doch eine starke Mäßigung entstanden ist, von der noch nicht auszumachen ist, ob es sich um eine fruchtbare Pause handelt, die zu einer neuen Besinnung und Verehrung führt. Ich werde nur ein paar Beispiele wiedergeben, um das Klima zu schildern. Inzwischen gehen die Wallfahrten etwa nach Lourdes weiter, als wäre nichts geschehen. Die Zahl der Pilger ist zwischen 1950 und 1970 sogar von rund eineinhalb auf dreieinhalb Millionen angestiegen. Was erleben gläubige Menschen auf solchen Wallfahrten? Sind die Erfahrungen, die Frauen machen, anders als die der Männer? Das wäre eine Untersuchung wert ...

In der Verlegenheit, daß es so wenig konkretes Material gibt, habe ich fünfunddreißig Frauen aus meinem Bekanntenkreis geschrieben und sie gefragt: was bedeutet Maria heute in deinem Leben? Ist ihre Bedeutung für dich heute anders als sie es früher war? Beinahe jede hat darauf reagiert, so daß wir wenigstens ein paar persönliche Erfahrungen zur Hand haben, auch wenn wir daraus natürlich nichts von allgemeiner Bedeutung ableiten dürfen. Und wieder stehen wir am Kreuzpunkt auseinanderlaufender Wege, was mich zu ein paar Bemerkungen aus der Sicht der feministischen Theologie veranlassen wird. Und es zeigt sich auch, daß wir dank

der gefühlten, geäußerten und zusammen reflektierten Erfahrungen von Frauen mit ihrer »Menschwerdung«, ihrem Glauben und ihrem Kirchesein auf tiefe Schichten stoßen, die in vielen Lesern und Leserinnen Fragen, und bei einigen – so vermute ich – wohl auch Widerstand hervorrufen werden.
Es scheint mir sinnvoll, zuerst ein paar begriffliche Unterscheidungen aus der Mariologie anzuführen. Sowohl biblisch wie liturgisch unterscheiden wir eine christozentrische und eine ekklesiotypische Mariologie. In der ersten wird die Übereinstimmung der Funktionen Marias mit den erlösenden Funktionen Christi betont: Maria ist mit Christus der Menschheit zugekehrt, »Marie, au service de notre rédemption«[2]. (»Maria im Dienst unserer Erlösung«) In der ekklesiotypischen Mariologie ist Maria unzertrennbar mit der Menschheit verbunden. Maria ist Dienerin des Herrn, »Urbild der Kirche« (Semmelroth). Für *Asmussen* ist die Frage zentral: »Steht Maria auf der Seite Gottes oder auf der Seite des Menschen?«[3]. Obwohl im letzten Kapitel der Konstitution des II. Vatikanums über die Kirche beide Auffassungen vorkommen, ist die zweite doch deutlich besser ausgearbeitet worden – eine Entscheidung, die sich auf die Ökumene günstig ausgewirkt hat. Denn je biblischer und einfacher die Zeugnisse über Maria werden, desto leichter können sich die protestantischen Kirchen der Darstellung Marias als der ersten Gläubigen des Neuen Testaments – analog zu Abraham im Alten Testament – anschließen: sie ist dann Bild der Glaubenshaltung, die aktiv für Gottes Wort empfänglich ist.
Die nicht-liturgische Marienverehrung macht sich über ihren theozentrischen, christozentrischen oder ekklesiotypischen Charakter viel weniger Sorgen. Denn hier vollziehen sich die Dinge zwischen der Seele oder der betenden Gemeinde und der Person von Maria. Das Gemüt kommt zum Zuge und kümmert sich nicht darum, ob es Maria um Fürsprache oder um Beistand bittet[4]. Maria verkörpert das mütterliche Mitleid; sie ist die Barmherzige, ihr Sohn der Gerechte. Per Mariam ad Jesum (über Maria zu Jesus). Manche fühlten sich Mutter Anna sogar noch näher, und dann ging der Weg über Großmutter Anna und Mutter Maria zu ihrem Sohn[5]. Wir werden noch sehen, wieweit die auf die Ökumene ausgerichtete Tendenz, liturgische und nicht-liturgische Marienverehrung miteinander in Übereinstimmung zu bringen, Erfolg haben wird oder nicht.
1950. In der apostolischen Konstitution, die das Dogma von Mariä Himmelfahrt verkündet, wird überhaupt nicht auf Maria als Vorbild

für Frauen angespielt. Auffällig sind Formulierungen wie: »dieser hehren Gefährtin unseres Erlösers« (Nr. 14) oder »hochherzige Gefährtin des göttlichen Erlösers« (Nr. 40) oder: »Die Ähnlichkeit nämlich der Muttergottes und des Gottessohnes in bezug auf den Adel und die Würde von Leib und Seele – wegen welcher Ähnlichkeit wir nicht einmal denken können, daß die himmlische Königin vom himmlischen König getrennt werde« (Nr. 33). In derselben Nummer heißt es weiter: »Überdies ist es der Vernunft entsprechend und angemessen, daß, wie eines Mannes, so auch einer Frau Leib und Seele schon die ewige Herrlichkeit im Himmel erlangt haben«. Dreimal also eine Parallele männlich-weiblich.
Damit *Pius XII.* noch einmal zu Wort kommt, zitiere ich aus seiner Ansprache vor dem 14. Kongreß der Weltunion katholischer Frauenverbände am 29. September 1957. Im Abschnitt »Zugehörigkeit der Frau zu Christus« sagt der Papst: »Die Verbindung zwischen Christus und der Frau hat ihren größten Glanz und vollendete Erfüllung gefunden in der Jungfrau Maria«. Etwas später fährt er fort: »Wenn das Leben offenbart, bis zu welchen Abgründen des Lasters und der Verwerflichkeit die Frau hinabsteigt, so zeigt Maria, bis wohin die Frau in Christus und durch Christus emporsteigen kann, so daß sie sich hoch über alle anderen Geschöpfe erhebt. Welche Kultur, welche Religion hat je das frauliche Ideal zu derartigen Höhen emporgehoben, es zu dieser Vollendung gebracht? ... Weder in der persönlichen Lebensführung, noch in eurem Apostolat verliert je dieses Beispiel aus den Augen!«[6].
1964. Im achten Kapitel der dogmatischen Konstitution über die Kirche »Die selige jungfräuliche Gottesmutter Maria im Geheimnis Christi und der Kirche« heißt es in Nr. 56 »Maria bei der Botschaft des Engels«: »wie eine Frau zum Tode beigetragen hat, auch eine Frau zum Leben beitrüge«. Damit wird bei den Kirchenvätern angeknüpft: »Der Tod kam durch Eva, das Leben durch Maria«[7].
1974. Im apostolischen Mahnschreiben »Marialis Cultus« spricht *Paul VI.* von der Sendung Marias und vom «weisen Plan Gottes, der in seiner Familie – die Kirche –, wie in jedem Heim, die Gestalt einer Frau gegenwärtig wissen wollte, die verborgen und in der Haltung einer Dienerin wach ›und in Güte schützend ihre Schritte zum Vaterland lenkt, bis der glorreiche Tag des Herrn kommt‹«[8]. In diesem »ersten Liturgischen Traktat über Maria«[9] kommt Paul VI. im mittleren Teil über die Erneuerung der Marienverehrung auf die Schwierigkeiten zu sprechen, die sich aus einer veralteten Lehre vom Menschen ergeben, die nicht mehr zu den veränderten Le-

bensumständen der Frau von heute paßt. Ausführlich (und zu lang, um es hier zu zitieren) wird die emanzipierte Frau beschrieben. *Beinert* faßt diesen Abschnitt so zusammen: »Man hatte die historischen Gegebenheiten ihres Lebens zu einem unveränderlichen Maßstab für das Leben der Christen, vor allem für die christliche Frau erklärt. Dadurch wurde das nötige Gespräch über die Frage nach der Rolle der Frau in der Kirche verhindert, obwohl gerade die Mutter Christi eine Quelle lebendiger Inspiration hätte sein können«[10]. Der Papst ruft dazu auf, diesen Mangel zu ergänzen, denn: »die Jungfrau Maria ist von der Kirche den Gläubigen nicht wegen der Art des Lebens, das sie geführt hat, zur Nachahmung empfohlen worden und noch weniger wegen der soziologisch-kulturellen Umgebung, in der es sich zugetragen hat und die heute fast überall überholt ist, sondern vielmehr stets deswegen, weil sie in den konkreten Lebensbedingungen vorbehaltlos und verantwortungsbewußt dem Willen Gottes Folge geleistet hat« (Nr. 37). Dann bezeichnet der Papst Maria als die Frau, die frei und aktiv zustimmte, die frei und mutig handelte und auf eine gewinnende Weise die Befreiung durch Gott verkündigte; die starke Frau unter den Niedrigen und Armen des Herrn. Und schließlich keine übermäßig besorgte Mutter, sondern eine Frau, »die durch ihr Handeln den Glauben der apostolischen Gemeinde in Christus förderte (vgl. Joh. 2,1-12)«(Nr. 37).

Der gleiche Papst sagt am 6. November 1974 zur Generalsekretärin des Internationalen Jahrs der Frau: »Alle, die bei der Vorbereitung zusammenwirken ... weisen wir auf die Gestalt der gesegneten Jungfrau als eines dauerhaften Vorbildes hin«. Und unter Bezug auf »Marialis Cultus«: »Unsere Zeit ist aufgerufen, ihre Vorstellungen vom Menschen und die Probleme, die sich daraus ergeben, an der Figur der Jungfrau zu überprüfen und mit ihr, so wie sie im Evangelium dargestellt ist, zu vergleichen«[11]. Und am 14. September 1975 sagt *Paul VI.* bei der Heiligerklärung der Amerikanerin *Elisabeth Ann Seton*: »Wir denken an die neue Heilige, wenn wir jetzt die Mutter der Kirche für die Frauen von heute anrufen, damit sie stets der Würde ihrer Aufgaben gerecht werden und ihre menschlichen und übermenschlichen Ziele erreichen«[12].

Zusammenfassend läßt sich sagen: Neben neueren Zügen wie der »aktiven freimütigen Verkündigung« begegnen uns in diesen Texten die altbekannten Charakteristika wie die Jungfrau neben der Mutter, die schlechte Eva neben der heiligen Maria und »die bescheidene Dienstbarkeit«.

In der pastoralen Verkündigung und im Nachdenken von Frauen über sich selbst sehen wir verschiedene Linien durcheinanderlaufen. In den «Predigtvorschlägen« tönt es: »Maria ist nur noch für sehr wenige Mädchen und Frauen ein Vorbild, nach dem sie sich ausrichten. Sie spiegeln sich lieber in einer Miss Universum« – »Die moderne Frau steht in schroffem Gegensatz zum biblischen Bild von Maria« – und im Zusammenhang mit der heutigen Sex-Welle: »Der Kult der Frau feiert in unseren Tagen Hochzeit«, womit die Frau wieder einmal mit der Sexualität gleichgesetzt wird; Eva ist der Gegenpol von Maria[13]. In einem belgischen Frauenblatt beginnt ein Artikel über Maria mit dem Titel »Die Frau für jedes Jahr« mit den Worten: »Dank dieser Frau ist jedes Jahr eine gesegnete Zeit«. Später ist zu lesen: »So ist jede Mutterschaft eine stets neue Einladung, an das Leben, das Heil, den Menschen und an Gott zu glauben ... Weil Maria ihre Mutterschaft so erlebt hat, kann jede Mutterschaft für jeden, der aus einer Frau geboren wird, der Weg zum Heil werden«[14].
In einer Fernsehpredigt am 15. August (Mariä Himmelfahrt) sagt Pfarrer *Jack de Valk*: »Wenn wir Maria in unserer Kirche wirklich hochhalten, dann werden wir in unserer Kirche auch die Frau hochhalten müssen«. Was de Valk hier anrührt, stimmt mit dem Schluß *von Noordmans* überein, einer der Reaktionen auf »Marialis Cultus« aus dem protestantischen Lager: »Wenn Maria in ihrem Engagement für Befreiung ernstgenommen wird, dann wird ihr Lobgesang, das Magnificat, zum Kampflied gegen das Unrecht der Welt. Wenn die Kirche von Rom diese Maria ernstzunehmen beginnt, bedeutet das Dynamit unter den männlichen Strukturen der Kirche«[15].
Auch in den sogenannten Predigtzeitschriften sind die Marienpredigten dünn gesät; allein um den 15. August herum häufen sie sich jedes Jahr[16]. In einer Predigt schildert *Fred Keesen* die Figur von Maria so: Bei Maria wird immer betont, daß nicht die Leistung, sondern das empfängliche Herz Leben hervorbringt, das der Mühe wert ist. Wir müssen in unseren Herzen rein werden, »damit wir den lieben Gott Fleisch werden lassen können«[17]. Er weist dann auf die Kennzeichen der Männlichkeit hin: Potenz, Können und Leisten. »Mehrere Mütter in der Schrift empfangen ihr Kind nicht durch Zutun ihrer potenten Ehemänner, sondern zuallererst durch ihre Empfänglichkeit für Gottes Güte[18]«.
J. van Kilsdonk predigt um Weihnachten 1973 in der Amsterdamer Dominicus-Kirche über die »jungfräuliche Geburt«: »Im antiken

Denken ist der Mann der Träger der Souveränität, der Kultur und vor allem der Fortpflanzung. Diese Männer kannten nur den männlichen Samen. Vom Vorhandensein einer eher verborgenen Keimkraft, dem Ei der Frau, wußten sie nichts. Nur der Mann zeugt, sogar im Schoß der Frau. Dieser Macht, dieser Potenz des Mannes wurde ein Halt zugerufen; sie stieß an ihre Grenzen, als es um die Zeugung eines Kindes ging, das uns allen auf entscheidende Weise Heil und Verheißung brachte ... So geschieht die Geburt des Menschseins und der Menschlichkeit nicht mehr aus dem Willen des Fleisches oder aus dem Willen des Mannes (Joh. 1,13), nicht mehr aus Mann und Macht, sondern aus Menschen, die die radikale Unfruchtbarkeit und Anspruchslosigkeit einer Jungfrau haben. ›Excite potentiam tuam et veni‹ – erwecke deine Potenz und komm‹, schrien die Adventsgebete noch im Römischen Missale«[19].

Ich glaube, daß diese Beispiele für die Vielfalt unterschiedlicher Akzente in der Beziehung Maria – Frau exemplarisch sind. Die Skala ist reicher als die früher immer wiederkehrende Mahnung, die ich im Gebetsbuch meiner lieben Mutter von 1939 zurückfinde: »Wenn wir von Maria lernen, daß wir immerzu geben und immerzu opfern müssen, dann erst wird Maria ihre eigene Seele in uns, ihren Kindern, wiederfinden«[20]. Was hier fromme Priester in ihrer oft unbewältigten Spannung zwischen Erotik und Sexualität anderen aufbürdeten, hat im Leben vieler Frauen tiefe Spuren und sogar Narben hinterlassen; denn diese Männer haben starke Gefühle in vergeistigter Form in Maria investiert, deren Konkretisierung aber den Frauen aufgehalst. Christliche Frauen und Mütter waren oft heldenhafte Vorbilder der Selbstaufopferung, aber um welchen Preis? ... Heute auf jeden Fall sehen wir, daß Maria als Vorbild der Reinheit, von nichts als Hingabe, als aufopfernde Mutter auch entgegengesetzt gewirkt hat: die Infantilisierung durch ein solches Leitbild wird abgelehnt, und die Fremdheit dieses »vollkommenen«, aber auch »unmöglichen« Vorbildes stößt eher ab.

Dies geht auch deutlich aus den Reaktionen hervor, die ich auf meine Anfrage erhalten habe. Beinahe jede Frau hat geantwortet, von den zwei angefragten Klostergemeinschaften sogar eine Anzahl Schwestern einzeln[21]. In den 51 Antworten sind alle möglichen Varianten der Reaktion auf Maria vertreten, manchmal in ein und derselben Antwort. So schreibt eine: In mir ist gleichzeitig Abkehr von und Heimweh nach der Lieblichkeit und Poesie von früher; damals war Maria Trost. Freude und Fröhlichkeit. Eine unabhängige junge Frau knüpft ganz ruhig bei der Marientradition an und betet manchmal sogar im Auto einen Rosenkranz; einige stellen gern eine Blume zu ihrem Bild – gleich aufmerksam, wie sie neben das Bild der eigenen Mutter manchmal eine Rose stellen. Diese Frauen gehen auch ab und zu in eine Marienkapelle und feiern auch gern ihre Feste – vor allem Nonnen, aber auch ein paar andere. Nur eine denkt noch an Wallfahrten; eine Nonne nennt das »zu Maria auf Besuch gehen«. Ziemlich viele beten zu Maria als Fürsprecherin bei ihrem Sohn: »Sie ist eine hilfreiche Mittlerin, denn sie kannte früher auch schwierige Augenblicke«. Nonnen beten noch ab und zu (oder oft) einen Rosenkranz, die meisten Laien nicht mehr. Als Mutter ist Maria eine Inspiration der Geborgenheit, der Liebe und Hingabe; sie ist das Vorbild einer weisen Mutter, die ihren Sohn loslassen kann (»aber du stehst deinen Kindern weiter zur Verfügung, wenn sie dich nötig haben, wie Maria, als Jesus litt«). Maria läßt an die eigene Mutter denken: es ist tröstlich, daß »es« Maria «mit einem so unmöglichen, eigenwilligen Sohn« wohl auch nicht immer »gesehen« hat. Eine Frau befiehlt ihr ihre Familie an. Von den dreißig Frauen, die Maria heißen, beziehen sich zwei ausdrücklich auf ihren Namen, wie es auch die Rektorin einer Maria-Schule tut. Als weitere inspirierende Züge werden genannt: Quelle von Hingabe und Vertrauen, Weisheit, Maria als die bescheidene, im Hintergrund lebende Figur. Mehrere Frauen (auch Laien) drücken Enttäuschung darüber aus, daß die Kirche Maria heute zu wenig verehrt. Die meisten Nonnen vermissen die Freude der Marienfeste, die das kirchliche Jahr früher markierten. Einer Antwortenden tut es leid, daß Maria in der Advents- und Osterliturgie in ihrer Beziehung zu Jesus und zum auferstandenen Christus so wenig zur Sprache kommt.

Zurückgedrängt worden ist die Marienverehrung vor allem bei Frauen, die keine Nonnen sind: für sie ist Maria höchstens noch eine anziehende Frau, mehr nicht. Ziemlich viele Frauen können nichts mehr mit ihr anfangen, und zwar aus folgenden Gründen: 1. Ihr ganzer Glaube ist hinfällig geworden und damit auch Maria; 2. Aus Protest gegen die Süßlichkeit ihrer Verehrung und gegen die Infantilisierung; 3. Aus Ärger über das Stereotyp der niedrigen, dienenden Frau, das sowohl Maria wie den Frauen unrecht tut; 4. »Maria ist uns hinter den Dogmen entschlüpft«.

Auf den Ärger komme ich zurück. Zuerst überraschte mich aber das unbefangene Nebeneinander von Gott, Christus und Maria. Eine Nonne sagt: Maria ist ja keine Konkurrentin von Christus. Eine andere: Maria ist für mich das Christus ergänzende Vorbild. Und wieder eine andere: Christus und Maria sind beinahe identisch; oder in aller Arglosigkeit: wie eine Art Vater und Mutter. In einem ganz klaren und hellen Brief schreibt eine Frau: Gott, ich danke dir; Mutter, ich danke dir. Und eine andere: Früher betete ich zu Maria, heute zu Gott als dem Grund meines Lebens; aber eigentlich weiß ich, wenn ich zu einem »Oben« bete, nicht, ob ich zu Gott, zu Christus oder zu Maria bete ... Im Leben ziemlich vieler Frauen (auch bei ein paar Nonnen) hat es unterschiedliche Phasen gegeben: nach einem traditionellen, manchmal rationalen und ziemlich apologetischen (die kirchliche Lehre verteidigenden) Glauben tritt ein Vakuum ein, in dem Maria entweder verschwindet oder ausgerechnet sie als letzter Rettungsanker übrigbleibt (eine Art Urerfahrung nennt das jemand). Aber es kommt auch vor, daß Maria als erste ausfällt, weil sie so einseitig verkündigt worden ist. Viele dieser Frauen sind der Kirche wegen des verzeichneten Bildes von Maria böse: 1. Maria ist keine Frau von Fleisch und Blut, sondern eine unantastbare Madonna, oder: eine unwirkliche Gestalt von einem anderen Planeten; 2. Maria ist als Jungfrau und Mutter »eine sexlose Frau und damit mein Gegenpol geworden«; 3. Wir kennen Maria, so sagen andere, nur in ihrer Beziehung zu Jesus, in einem ziemlich realitätsfernen Verhältnis von Mutter und Kind. Wer aber ist sie selbst, was ist der Inhalt ihres »Dienstes«? Bis heute, schreibt eine, sind in der Gestalt von Maria »comfort« und »challenge« völlig auseinandergerissen worden: sie tröstet, aber Maria als Herausforderung? Dabei klingt im Magnificat Streitbarkeit und Engagement an ...

Drei Reaktionen führe ich an, die auf den kritischen Bewußtwerdungsprozeß der Frau und auf die Notwendigkeit ihrer Befreiung aus vorgeschriebenen Rollen anspielen: »Maria hat die Befreiung zu ihrem eigenen Wesen nötig«, sagt die junge Frau, von der das Zitat am Anfang dieses Kapitels stammt. Eine andere: »Exegeten und Theologen haben Maria diskriminiert, indem sie sie zum voraus heilig erklärt haben«. Maria ist mißbraucht worden, um Frauen auf ihrem Platz festzuhalten. Eine andere überraschende Reaktion: »Maria als Lebensform höchster Freiheit«, mit einer Fülle des Geistes, die sie fähig macht, die Zeit des Wunders zu spüren und abzuwarten: Symbol jener Frauen, die die Zeit der Veränderung kommen fühlen und deuten. Als Jungfrau ist sie »Bild der Eingekehrtheit«. – Soweit die Blütenlese von fast durchweg wörtlich zitierten Stellen. Interessant ist auch, daß keine einzige Frau die

Jungfrau Maria mit jener »Reinheit« und »Sauberkeit« in Verbindung brachte, wegen derer wir früher dreimal täglich das »Sei gegrüßt« beteten. »Jungfrau« beginnt etwas anderes zu bedeuten, mehr zu bedeuten.

Daß diese Frage gestellt wurde, hat neben emotionalem Widerstand auch Freude ausgelöst: aus den Antworten ging hervor, daß Gespräche darüber geführt wurden, daß Frauen über die wenigen eigenen Erlebnisse erschrocken sind, das Evangelium wieder einmal zur Hand genommen und gelesen haben, und »ich stelle mein altes Bildchen doch noch nicht weg«. Andere waren darüber bekümmert, daß wir »Maria wieder aus der Versenkung hervorholen« und das erst noch besonders für Frauen. Aber wenn dabei ein erwachsenes, wirklichkeitsnahes Bild entsteht, wird es wohl allen etwas zu geben haben ... auch den Männern. Zwei konstatieren: Unsere Kinder wissen offenbar einfach nichts von Maria. Aber eine Nonne schreibt: Tatsächlich gehen immer noch Jugendliche auf Wallfahrten. Es wäre wirklich interessant, auch Männer nach ihren Erfahrungen mit Maria zu fragen, vor allem mit einem Marienbild, das so stark von einer im Zölibat lebenden männlichen Priesterschaft gezeichnet worden ist. Aber das stand hier nicht zur Diskussion. Die Frage, wie Maria heute von den Gläubigen – Frauen, aber auch Männern – erlebt wird, scheint mir wichtiger als früher. Ist sie eine Identifikationsfigur für Frauen – und wenn ja, in welcher Hinsicht? Was bedeutet die Marienverehrung für das kirchlich-religiöse-kulturelle Klima? Und wie steht es um das Verhältnis zwischen Rom und den Protestanten? Ein paar Randbemerkungen mögen die Notwendigkeit meiner Fragen und ihrer systematischen Untersuchung verdeutlichen. Zuerst etwas über das religiöse Klima: Durch alle Jahrhunderte hindurch hat die Verehrung von Maria als Jungfrau und Mutter das Klima in der ausschließlich von Männern geleiteten römisch-katholischen Kirche milder und vielseitiger gemacht. Dank der Verehrung von Maria und der Heiligen macht der Katholizismus als Religion trotz allem, so *Vestdijk*, einen viel integrierteren Eindruck als der Protestantismus[22], wo ein «einsamer Gott« eine hohe, aber auch strenge Ethik aufstellt[23]. Diesen Sommer ist mir unterwegs in den Ferien in Kathedralen und Kirchen – vor allem des Barocks – die immer wiederkehrende Darstellung von Maria aufgefallen: wie sie gekrönt wird, neben ihrem Sohn oder inmitten der drei Personen der Trinität thront. Woher kommt es dann, daß sich in verschiedenen Ländern immer mehr Frauen in der römisch-katholischen Kirche »displaced« oder »nowhere« fühlen? ...

Über Bilder und Symbole zu sprechen ist immer eine komplizierte Sache. Symbole sind auf eine andere Art wahr und wirklich als die konkreten »eindimensionalen« Dinge. Sie umfassen unser inneres und äußeres Leben, unsere tiefen Schichten wie die Oberfläche, Un(ter)bewußtes und Bewußtes. Schon anderswo habe ich über den Schaden und die Erstarrung nachgegrübelt, die dem Bild der Frau angetan wird, wenn das, was als Spannung zusammengehört, in zwei völlige Gegensätze auseinandergelegt wird: Eva – Pforte der Hölle, Maria – Tor des Himmels[24]. Für Frauen ist damit eine echte Identifikationsfigur weggefallen, und sie fühlen sich deshalb im Raum schweben. Denn die »vollkommene Frau« Maria heißt ja darum so, weil sie »Tochter Gottes, des Vaters, Mutter Gottes, des Sohnes, Braut Gottes, des Heiligen Geistes« ist. Das ist den Frauen zu hoch und zu weit.
Wegen dieser radikalen Auseinanderlegung von Eigenschaften in Bildern möchte ich Psychologen und Theologen ernsthafte Fragen stellen: Wieweit haben die Bilder von Gott-dem-Vater, die in einer patriarchalischen Kultur entstanden sind, und des Logos, den wir aus dem griechischen Denken übernommen haben, die Dimension des Gemüts, des Herzens, aber auch des Körpers und – am meisten von allen – der Frau verwahrlost, ja unterdrückt und damit das religiöse Klima und die Glaubenshaltung halbiert und verarmen lassen? Inzwischen will ja doch der «ganze« Mensch zu seinem Recht kommen: von Ephesus bis Mexiko City (Unsere Liebe Frau von Guadelupe) ist überall, wo früher eine Magna Mater (Große Mutter) als fascinosa (anziehende) und tremenda (zu fürchtende) erfahren und verehrt wurde, dem Volk eine Maria geschenkt worden, eine Gottesmutter, Königin des Himmels, eine »göttliche Frau«, der die Menschen sich hingeben konnten[25]. Ich fürchte, daß sich jetzt ziemlich viele Leser und Leserinnen über diesen Abschnitt über »Religion« ärgern. Aber es ist meine heilige Überzeugung, daß der christliche Offenbarungsglaube erst dann richtungsgebend, beschneidend und damit wachstumsfördernd wirken kann, wenn den Menschen auf der Ebene der Bilder eine Fülle geschenkt wird, die das ganze Dasein von uns allen, Männern und Frauen, sowohl verdichtet wie erweitert. Und es wirkt einschränkend und darum nicht heilend, wenn aus Fürsorglichkeit und zum voraus die Spannung des Ambivalenten aus ihnen entfernt und verschleiert wird. Dasselbe gilt, wenn Bilder, die in einer früheren Kultur entstanden sind, allgemein gültig und verpflichtend bleiben »müssen«.

Ich will das von zwei Gesichtspunkten her etwas näher beleuchten. Der erste entspricht einem Vortrag, den die sich an *C. G. Jung* orientierende Psychologin *Ann Belford Ulanov* vor einer Gruppe von Pfarrern, die sich mit Clinical Pastoral Training befassen, gehalten hat[26]. Ulanov unterscheidet in den Untersuchungen über das Weibliche drei theoretische Ansatzpunkte: den biologischen, der mehr oder weniger eng mit Freud und seiner Schule in Zusammenhang zu bringen ist; den kulturellen, zum Beispiel von *Margaret Mead*; und den symbolischen, mit dem Jung begonnen hat. Das Eigene dieser dritten Betrachtungsweise und damit der Unterschied zu den beiden anderen besteht darin: 1. Der symbolische Ansatzpunkt nimmt Bilder des Weiblichen nicht wörtlich, sondern sieht sie eher symbolisch, »als die Hälfte der Sprache des Menschen und als zentral für die Sprache des Unbewußten«. Diese Sprache bringt Bilder des Weiblichen hervor, aber keine (und das ist sehr wichtig) Beschreibungen, geschweige denn feste Vorschriften, die auf alle Frauen passen; 2. Der radikalste Unterschied zu den beiden anderen Ansätzen, vor allem wegen seiner Bedeutung für das kulturelle Klima, liegt darin, daß das Weibliche nicht allein auf Frauen bezogen wird: es hat gleich viel Bedeutung für Männer (und umgekehrt ist auch das Männliche für Frauen bedeutungsvoll)[27]. Es würde hier leider zu weit führen, auf die theologischen und pastoralen Konsequenzen dieses Ansatzes einzugehen. Aber es sollte deutlich geworden sein, daß wer immer die zentralen männlichen und weiblichen Aspekte in sich selbst verwahrlosen läßt, nicht fähig ist zu vollständiger religiöser Erfahrung, zu vollständiger Erfahrung der Seele[28].

Eng verwandt mit dieser Sicht ist die Aufmerksamkeit verschiedener feministischer Autoren und Theologen für die »Jungfrau als Modell eines Mythos«[29]. *Penelope G. Washbourn* sagt es so: »In dieser Hinsicht habe ich den Gehorsam der Jungfrau Maria gegenüber dem Geist Gottes schätzen gelernt. Sie war nicht einem Mann gehorsam. Das Kind, das geboren wurde, war die Frucht ihrer Hingabe an den Geist in ihr selbst. Der Geist Gottes ist das weibliche Prinzip in ihr. Sie bleibt ihrer eigenen Bestimmung treu«[30]. Auch die Theologen haben natürlich immer mit diesem Problem gerungen, und so stellen im 1973 erschienenen »Neuen Glaubensbuch« *J. Feiner* und *L. Vischer* die ernsthafte Frage: »Einig ist man sich, daß die Erzählung von der Jungfrauengeburt im Zusammenhang des Neuen Testaments die Einzigartigkeit Jesu als des Messias und Gottessohnes unterstreichen soll. Aber welcher Art ist die Er-

zählung? Ist sie Bericht über ein historisches Ereignis? Oder ist sie eine ›Lehrerzählung‹ (Midrasch)«[31]?
Mary Daly, eine der ursprünglichsten und provozierendsten feministischen Theologinnen, hört vor allem in der Aussage, daß Maria »vor, während und nach« der Geburt von Jesus Jungfrau geblieben ist, einen »Schrei« nach einem tieferen als bloß wörtlichen Verstehen der Jungfrauengeburt. »Jungfrau« sagt im Kontext sexueller und elterlicher Beziehungen etwas über »weibliche Autonomie« aus[32]. Etwas davon ist in der Geschichte der römisch-katholischen Kirche durch alle Jahrhunderte hindurch immer spürbar geblieben. Auch wenn die Lebensführung einer Nonne im Hinblick auf menschenwürdige Autonomie mehr oder weniger zu wünschen übrigließ, so stand römisch-katholischen Frauen doch immer die Wahl offen zwischen zwei Lebensformen – der Ehe und der gewählten Jungfräulichkeit im klösterlichen Leben. Und für die Frauen, die das zweite wählten, war die Jungfrau Maria ein funktionierendes (wenn auch oft verworrenes) Modell. Die Frau im Protestantismus war da schlechter dran. *Luther* hatte die Nonne zur Frau genommen und damit den Raum für ein jungfräuliches Leben verschlossen. Konkret bedeutet das, so Daly: »anstelle der Klosterschwester als religiösem Ideal ist den protestantischen Frauen das Bild der ›Pfarrfrau‹ angeboten worden. Es ist klar, daß dies kaum ein befreiendes Bild gewesen ist«[33].
Wenn es kein Zufall ist, daß das Bild der Jungfrau in der religiösen Frauenbefreiungsbewegung spürbar als neues Symbol zu wirken beginnt, dann scheinen mir Geduld und Behutsamkeit für diesen Menschwerdungsprozeß sehr am Platz. Ich spiele hier darauf an, daß die Umrisse einer »anthropologie chrétienne de la femme«, die im Bezug auf Maria gesehen wird, nicht zu schnell ausgezogen werden sollten[34]. Sosehr ich vor dem sorgfältigen Artikel des bekannten Mariologen *Laurentin* Respekt habe: auch er sollte dem »free-wheeling symbol of the virgin«[35] Zeit und Raum lassen und abwarten, welcher Reichtum es hervorbringen wird. Und das – im Geist des symbolischen Denkens – nicht nur für Frauen, sondern auch zum Nutzen der Männer und damit der ganzen kirchlichen Gemeinschaft.

3. Die prophetische Maria

Wer sich, aufs neue von der Gestalt Marias gefesselt, in ihr Bild vertieft, gerät bald ob der Vielfalt von Bildern, die dann zum Vorschein kommen, in Verlegenheit. Ich jedenfalls möchte die Frage »wer ist Maria?« nicht in einem Satz beantworten müssen. Wohl kenne ich eine Maria aus der Bibel, aber ich beginne immer deutlicher eine Maria aus der viel breiteren Geschichte der Religionen zu ahnen. Es gibt eine Maria der Theologen, aber daneben wächst auch eine Maria der Feministen und anderer Befreiungsbewegungen. Sie ist Gott sei Dank weder mit einem Namen noch in einem Symbol einzufangen und festzulegen, und wahrscheinlich ist gerade das der Grund, warum sie uns durch alle Zeiten hindurch immer wieder beschäftigt.

Sosehr mich die verschiedenen Aspekte faszinieren: ich muß mich hier einschränken und wähle deshalb die Gestalt von Maria als Ausdruck des prophetischen Lebens, des Lebens aus dem Geist, des empfänglichen und hervorbringenden Lebens. Als historische Figur bekommt Maria in der Bibel wenig Kontur. Wenn sie im Leben Jesu Erwähnung findet, wird ihre biologische, familiäre Mutterschaft eher negiert oder relativiert als besonders betont. In der Verkündigung geht es Jesus offenbar ausschließlich darum, daß wir Gottes Wort hören und tun. Dadurch gehören wir zur Mutter und zu den Brüdern und Schwestern Jesu. Auffallend ist auch, daß Jesus seine Mutter im Johannes-Evangelium zweimal als »Frau« und nicht als »Mutter« anspricht und sie eigentlich erst am Kreuz zur Mutter des Jüngers Johannes macht und damit an einen Knotenpunkt in den Beziehungen der Glaubensgemeinschaft stellt. Wie hat Maria ihre Glaubenshaltung zum Ausdruck gebracht? Ich will mich in diesem Rahmen auf die »Vorgeschichte« im Lukas-Evangelium beschränken, das voll ist von irdischem und himmlischem Heil, von Geist und Prophetie, von Messiaserwartung und Hoffnung auf Erfüllung. Maria in einer prophetischen Tradition: wie wenig ist uns diese Vorstellung bis heute vertraut. Und doch kennen wir aus dem Alten Testament die Namen von Frauen, die erfüllt von Gottes Geist auch Gottes Mund wurden, indem sie die historische Wirklichkeit in eine heilsgeschichtliche Perspektive stellten. Darum will ich ein paar von ihnen, deren Worte und Lieder aufgezeichnet worden sind, erwähnen.

An erster Stelle steht die Prophetin Mirjam, die in der Geschichte vom Auszug aus Ägypten als solche bezeichnet wird. Nach dem

Sieg über den Pharao nimmt sie das Tamburin zur Hand und führt den Reigen mit einem Lied an, das die Freude und den Jubel über diesen Sieg aufklingen läßt, diesen Sieg aber auch ganz dem Gott Israels zuschreibt: »Da ließest du deinen Wind blasen, das Meer bedeckte sie, und sie sanken unter wie Blei im mächtigen Wasser« (Ex 15,10), »aber die Israeliten gingen trocken mitten durchs Meer« (Ex 15,19). Schon hier hören wir das Motiv, dem wir die ganze Schrift hindurch immer wieder begegnen werden: die Mächtigen wirft Gott nieder, aber die Armen werden erhoben. Mirjams Lied ist die älteste Lobpreisung Jahwes in der Bibel. Es ist gar nicht verwunderlich, daß sie – eine Frau – mit dem Singen einsetzt. Aus den ältesten Religionen wissen wir, daß es gerade Frauen sind, die als Seher und Propheten Gesang und Musik handhaben, um die Kluft zwischen Wort und Tat aufzuheben oder um bestimmte Dinge zu bewirken, die man nur durch Gesang oder das singend gesprochene Wort erreichen kann[1]. Und ein Prophet ist sie, Mirjam, diese Frau, die wahrscheinlich eine viel wichtigere Stellung und Rolle innehatte, als es aus den verschiedenen Stellen in den biblischen Büchern auszumachen ist.

Kritische Frauen müßten die Bücher Exodus und folgende einmal aufs neue mit ihren eigenen Augen lesen! Zuerst werden wir feststellen, daß es dem schöpferischen Ungehorsam dreier Frauen gegenüber dem Machthaber zu verdanken ist, daß es überhaupt einen Mose gegeben hat, der das Volk mit-befreite: die Hebamme weigerte sich, den Befehl des Pharao zu befolgen, alle männlichen Kinder seien zu töten; die Schwester von Mose spornte die Tochter des Pharao an, Mose als ihr Kind zu adoptieren, und die Tochter des Pharao selbst war ihrem Vater ungehorsam und zog Mose auf. Wir werden auch zum Schluß kommen, daß die Rolle von Mirjam durch die männliche Überlieferung beträchtlich geschmälert und »wegerklärt« worden ist. Im 4. Buch Mose stellt Mirjam mit ihrem Bruder Aaron fest, daß Gott doch auch durch ihren Mund und nicht allein durch Mose spricht. Obwohl also beide gegen den Solopart von Mose rebellieren, wird nur Mirjam mit Aussatz bestraft (4. Mose 12). Zum Schluß: Der Prophet Micha läßt Jahwe zu seinem Volk sagen: «Habe ich dich doch aus Ägyptenland geführt und aus der Knechtschaft erlöst und vor dir her gesandt Mose, Aaron und Mirjam« (Micha 6,4). Mit anderen Worten: drei Führer gehen an der Spitze des zu befreienden Volkes. Es gibt Experten, die annehmen, daß Mirjam ursprünglich eine unabhängige Führerin in Israel war und erst in den späteren Überlieferungen des Alten Testaments zur Schwester von Moses und Aaron gemacht wurde[2].

Dieser Exkurs sollte verdeutlichen, daß in der Religion Israels genau wie in anderen Religionen Frauen von Anfang an als Seher, Führer und Propheten auftraten, aber kaum je bis in unser Bewußtsein vorgedrungen sind. Ich denke an Debora, Prophet und Richter etwa im 12. Jahrhundert vor Christus, die mit Barak nach dem Sieg über den Heerführer Sisera ein Lied anstimmt: die Führer fehlten, in Israel war nicht einer, »bis du, Debora, bis du aufstandest, eine Mutter in Israel« (Richter 5,7). Aber das Lied selbst ist wieder ein Lobgesang auf Jahwe: »Ich will singen, dem Herrn will ich singen, dem Herrn, dem Gott Israels, will ich spielen« (Richter 5,3). Wer kennt die Prophetin Hulda, von der das zweite Buch Könige und die Chroniken sprechen? Sie ist der Prophet, den König Josias wegen der Echtheit eines im Tempel aufgefundenen Buches zu Rate zieht (2 Kö 22,14ff.). Weiter denke ich an Hanna, die im Tempel lebte und genannt wird, als dort das Kind Jesus von seinen Eltern dargebracht wird. Im auf unsere Zeit zugeschnittenen Evangelium für die Dritte Welt von Everardo Ramirez Toroz ist diese Frau schlicht und einfach weggelassen worden!

In dieser prophetischen Linie steht auch jene junge Frau, die in der »Vorgeschichte« von Lukas eine so einzigartige Figur werden wird. Aber es gehört noch etwas dazu: da sie dem treuen Häuflein angehört, den »anawim« von Jahwe, steht sie auch ganz in der Tradition der Heilserwartung und der Freude auf seine Ankunft. In Zephanja 3,14-15 klingt es: »Jauchze, du Tochter Zion! Frohlocke Israel! Freue dich und sei fröhlich von ganzem Herzen, du Tochter Jerusalem! ... Der Herr, der König Israels, ist bei dir«. Und weiter in Sacharja 2,14: »Freue dich und sei fröhlich, du Tochter Zion! Denn siehe, ich komme und will bei dir wohnen, spricht der Herr«. Durch den Mund von Jeremia (31,4) sagt der Herr zu Israel: »Wohlan, ich will dich wiederum bauen, daß du gebaut sein sollst, du Jungfrau Israel; du sollst dich wieder schmücken, Pauken schlagen und herausgehen zum Tanz«. Könnte Maria in der Gestalt der Tochter Zion etwa die Lösung des Rätsels im gleichen Kapitel von Jeremia (31,22) bedeuten: »Denn der Herr wird ein Neues im Lande schaffen: Das Weib wird den Mann umgeben«?[3] Denn auch in der Sprache der Verkündigungsgeschichte klingt die Messiaserwartung durch. Das erste Wort, das dem Engel Gabriel in den Mund gelegt wird; setzt mit diesem Ton ein: Freue dich Mirjam! Freude über die Befreiung, Überschattung durch den Geist.

Hier wird Maria ihrer Person enthoben und zur »corporate personality«, Tochter Zion, Braut Israel. Ihr ›Fiat‹ ist kein schreckhaftes, rat- und willenloses Jasagen, sondern die Antwort eines fragenden, kritischen Menschen in einer bewußten Haltung der Verfügbarkeit, Empfänglichkeit und tragenden Kraft. Es ist die Antwort in Hingabe und Betroffenheit, wozu der ängstliche Zacharias offenbar nicht imstande war, als ihm das Wunder des nicht mehr erwarteten Sohnes angekündigt wurde.
Aber Lukas läßt uns auch Zeuge der Begegnung von Maria und Elisabeth sein, zweier Frauen, die mit prophetischem Leben schwanger sind. Der Funke des Geistes springt auf Elisabeth über, und dann äußert sich wieder Maria mit einem Lied, das eine neue Glaubenserfahrung des Singens und Bittens, des Jubels und des Protests zusammenballt. Das Magnificat bringt ebenso eine persönliche Erfahrung wie die Heilserfahrung des Volkes Israel zum Ausdruck. Es ist ein Lied voll Dank und Lobpreisung und zugleich ein kritisches, prophetisches Lied – ein biblisches Protestlied. Maria setzt die scharfe Sozialkritik der prophetischen Verkündigung fort und verbindet die politische Kritik mit einer messianischen Vision sozialer Gerechtigkeit und neuer schwesterlicher und brüderlicher Verhältnisse zwischen den Menschen. Das Magnificat ist eine radikale Parteinahme für die Armen, Entrechteten, Stimmlosen, Eingeschränkten und (sowohl ökonomisch und politisch als auch psychologisch) Unterdrückten. Aber die Formeln des Umschwungs, wie sie hier lauten: »Er stößt die Machthaber vom Thron und erhebt die Niedrigen. Die Hungrigen sättigt er mit Gutem und läßt die Reichen leer ausgehen« (Lukas 1,52-53), bedeuten nicht bloß eine äußerliche Auswechslung der Machthaber, sondern eine völlige Umwertung aller herrschenden (un)menschlichen Werte im Licht des Reiches Gottes. Maria entwirft ein Bild der Endzeit, der Utopie, die uns verheißen und durch uns mitzuverwirklichen ist, in der jeder äußere und innere Zwang aufgehoben sein wird.
Selbstverständlich ist es nicht damit getan, dieses kritische Lied vorwiegend auf unsere Gesellschaft anzuwenden und zu vergessen, wie schief die Verhältnisse auch im Aufbau unserer Kirche mit ihren Machtstrukturen liegen. So wie Abraham im Alten Testament der im-Glauben-Aufbrechende ist, so ist Maria im Neuen Testament die visionär im-Glauben-Umkehrende. Hier wäre zu entdekken, was für eine Vision Maria für uns wieder sein könnte. Darum wähle ich sie als Symbol der prophetischen Kraft zur Befreiung und

zur Schwesterlichkeit, als Symbol der gläubigen Hingabe an Gott, der zugleich Fülle und Geborgenheit ist, als Symbol der aktiven, selbstverantwortlichen Betroffenheit, die fruchtbares Leben erst möglich macht, empfänglich und hervorbringend, gebärend und nährend, liebevoll nah und kritisch, im Innenraum der Meditation und draußen auf dem Weg zu meinen Schwestern.

Die Spekulationen einer oft weltfremden Theologie über die Art von Marias Jungfräulichkeit, die Bedeutung ihrer Mutterschaft und die Niedrigkeit ihrer Dienstbarkeit haben uns Maria entfremdet. Diese Theologie verlor übrigens auch ihre Verbindung zur Volksfrömmigkeit, so daß beide eigene Wege gingen und dabei oft entarteten. Nun sehen wir aufs neue, wie sehr sich die ursprüngliche Gestalt von Maria eignet, um als Symbol zu beleben. Maria als Symbol bedeutet eine Erweiterung, Bereicherung und Milderung unserer Wirklichkeit, vor allem unserer Glaubenserfahrung. Religion ist ja eine symbolische Interpretation unserer menschlichen Wirklichkeit in ihrer letztlichen Bedeutung. Symbole lassen sich auf vielfältige Weise interpretieren, haben mehrere Schichten und erhellen unser Ringen mit der Zweideutigkeit unseres Daseins auf verschiedene Art. Maria als Symbol hat ihren Bezugsrahmen in der Bibel, ist dort verwurzelt und umfaßt das Neue Testament von der Verkündigung bis und mit der Pfingstgabe des Geistes, wo die Prophezeiung von Joel in Erfüllung geht: »danach will ich meinen Geist ausgießen über alles Fleisch, und eure Söhne und Töchter sollen weissagen« (Joel 3,1-3; Apostelgeschichte 2,16-21). Aber gerade dadurch, daß Maria auch die Tochter Zion ist, die Braut Israel, übersteigt sie ihre persönliche Bedeutung in einer kollektiven Erfahrung von Israel: in der Liebesverbundenheit zwischen Gott und seinem Volk.

Wie kommt es, daß es mit der Bedeutung, die Maria für uns haben könnte, so schiefgelaufen ist, daß sie für ganze Schichten der Glaubensgemeinschaft im Nebel verschwunden ist und allerlei unangenehme Gefühle weckt, wenn bloß ihr Name fällt – bei Frauen Gefühle des Zorns und der Frustration, bei Männern der Abkehr und Sentimentalität, bei jungen Leuten der Überraschung, daß sie überhaupt noch jemand ernstnehmen kann. Ich sehe den Grund vor allem darin, daß das Denken, das in unserer Kultur, im Nachdenken über unseren Glauben, in der Theologie und den dogmatischen Äußerungen vorherrscht, eher ein trennendes als ein umfassendes, mehrdimensionales Denken ist. Dieses Denken kann wohl übersichtlich ordnen und klare und scharfe Begriffe vermitteln, aber das Herz, das Mysterium und das Symbol mit seinen vielen Schichten entgehen ihm. Und es

sind allein die Armen, die Kinder und die Künstler, die dies noch unbefangen und intuitiv transzendieren.
Maria ist nicht entweder historisch oder biblisch oder symbolisch: sie ist alles zugleich. Uns auf ihre Person zu besinnen, scheint mir gut, aber sie aus Sorge um Konkurrenz mit Jesus einzuschränken, paßt eher zum erwähnten spaltenden und wettbewerbsbewußten Denken, als daß es ihr gerecht wird. Von der Kirche hat Maria prächtige Ehrentitel empfangen: Königin des Himmels, Turm Davids, Bundeslade (man lese nur einmal die ganze Litanei von Loreto!). Aber statt eine dynamische, geschichtliche und konkrete Dimension zu bekommen, die glaubwürdig und inspirierend sein könnte, ist sie ein Idealtyp geworden, ganz hoch, weit weg und blaß. Auf kleines Maß zurechtgestutzt wurde sie besonders dann, wenn eine männliche Geistlichkeit auf sie projizierte, was ihr als weibliches Ideal vorschwebte: klein, niedrig und vor allem keusch, keusch, keusch ...
Gepriesen sei die Weisheit unserer Kirche, die dennoch nie alle Marienverehrung, -frömmigkeit und -festlichkeit rund um ihr Bild abgeschafft hat; dadurch konnten sich wenigstens die Herzen der Menschen an ihr wärmen. Natürlich weiß ich nur zu gut, daß sich diese Trostfunktion auch schlecht auswirkt und nicht zur Bewegung und Befreiung von Menschen geführt hat, daß im Namen von Maria Menschen, und ganz besondere Frauen, unterdrückt und gelähmt wurden. Aber sie war auch als jungfräuliche Göttin der Indianer die – manchmal einzige – Gestalt, die der vergewaltigten und völlig entfremdeten einheimischen Bevölkerung Mexicos die Zukunft offen und ihren Glauben und ihre Hoffnung am Leben hielt.
Wenn wir Protestmärsche unternehmen, erzählte mir ein Schauspieler des Teatro Campesino (Landarbeiter-Theater) aus Mexico, geht die Virgèn (Jungfrau) voran. Und auch während der Aufführungen in Holland spielte die Virgèn eine Rolle des Trostes und der Befreiung im Spiel, Gesang und Tanz, in denen die armen und gequälten Campesinos ihre Lebensfreude und ihren Humor, aber auch ihre Verzweiflung und ihren Kummer, ihre Wut und Empörung über all das Unrecht, das ihnen angetan worden ist, ausdrücken. Zugegeben: in den stolzen Protestliedern der Campesinos fehlt die messianische Dimension; es gibt keinen Hinweis auf den Gott Israels. Aber Maria lebt als Symbol ihrer Menschenwürde und als Stimulans zur Befreiung. Und sie ist eine wesentliche inspirierendere Maria als jene jungfräuliche Mutter, die nur noch vergeistigt und er-

haben, bleich und blank, unbeweglich und in sich zurückgezogen, den Tod der Entfremdung zu sterben droht.
Vor allem im Verhältnis der Geschlechter zueinander hat die Kirche Maria eine zweideutige Rolle spielen lassen. »Die kirchliche Frömmigkeit hat hier den Akzent zu einseitig auf die biologische Funktion der Mutterschaft Marias, vor allem auf die ›Jungfrau-Mutter-Identität‹ gesetzt und damit mehr ihren ›Archetypus‹ als ihren Ort im Heilsgeschehen betont. Maria diente also dazu, ›den Zölibatären die Sublimation zu erleichtern, die Frauen in ihrer Jungfräulichkeit und in ihrer Mutterrolle zu bestätigen, aber sie zugleich auch darauf zu beschränken, die Virilität der Männer zu bändigen, die standesgemäße Keuschheit der Jünglinge und der Ehemänner zu stützen‹. Die Folgen dieser Fixierung Marias auf eine ›gegengeschlechtliche Macht‹ waren jedoch gerade umgekehrt: Das Frömmigkeitsleben der katholischen Kirche wurde dadurch bis in viele unbewußte Bereiche hinein geschlechtlich gefärbt, was vor allem für die Frömmigkeit der romanischen Länder gilt«[4].
Ich hoffe darauf, daß wir aufgrund der Bibel und der Theologie, aber noch viel kosmischer und allumfassender – auch mit Hilfe der Religionswissenschaft – eine Maria entdecken, die eine kraftvolle, prophetische und kritische Gestalt ist, die zur Befreiung aufruft, aber zugleich menschlich nahe sein kann, entspannt und voll Hingabe, weil sie nicht habsüchtig danach strebt, Macht zu erwerben, sondern einen Aspekt eschatologischen Seins darstellt, indem sie in ihrem Protest nicht fordert, sondern hinweist, nicht tadelt, sondern offenbart, nicht verabsolutiert, sondern offen bleibt, teilhabend an jener Fülle des Seins, dem sie so einzigartig verbunden ist.
Aus diesem Grund können wir Maria auch mit jenen »weichen Kräften« in Verbindung bringen, die letztlich den Sieg davontragen werden, wie es die utopische Sozialistin und Dichterin *Henriette Roland Holst van der Schalk* formulierte. Und zwar nicht, weil uns eine Frau an das Weiche und ein Mann an das Harte denken läßt. Auch diese Gegensätze müssen abgebaut werden, denn wir sind aufgerufen, unsere biologischen Möglichkeiten in unserem Lebensentwurf sowohl zu integrieren wie zu übersteigen. In jedem von uns, Mann und Frau, leben harte und weiche Seiten, und es ist unsere Aufgabe, beide zur Entfaltung kommen zu lassen und sie durch Leiden und Krisen hindurch zu »weichen Kräften« umzuschmelzen. Es ist wiederum jenes spaltende Denken gewesen, das diese zwei Lebensmöglichkeiten Jahrhunderte lang so weit auseinandergerissen hat, daß wir sie heute als Gegensätze erleben.

Auf diese Weise verstehe ich auch die tiefste Bedeutung der Frauenbefreiungsbewegung, des Feminismus im besten Sinn des Wortes, des Verlangens und der Bewußtwerdung von Frauen, die nun endlich selbst Subjekt ihres Lebens werden wollen. Nicht im Haß gegen die Männer, nicht damit nun wir als einzige an die Macht kommen, sondern mit dem Ziel, Macht und Möglichkeiten zu teilen. Zuerst müssen wir Frauen aber auch durch Exodus, Absonderung und Wüste hindurch wir selber werden. Dann können wir zusammen mit den Männern eine menschliche, eine androgyne Kultur aufbauen, in der sich das, was wir früher männlich und weiblich nennen mußten, in einer spannungsvollen Einheit näherrückt, der jeder männliche und weibliche Mensch auf ihre oder seine persönliche Art Form geben wird. Aus dieser Sicht ist christlicher Feminismus ein geistiges, prophetisches Zeichen, das in Maria die Inspiration findet, um auf Befreiung zu hoffen und Befreiung zu bewirken. Ganz konkret und historisch wissen wir, daß der Feminismus den Sozialismus braucht, aber der Sozialismus ist nicht weniger auf den Feminismus angewiesen. Und beide, meine ich, haben das Magnificat von Maria nötig, um wirklich heil zu werden.
Ich bin überzeugt, daß ich auf meinem Weg auf eine neue Maria hin erst auf halbem Weg bin. Denn letztlich geht es um etwas, an das bisher weder die Theologen – geschweige denn die christliche Glaubenslehre – und noch viel weniger der Protestantismus zu rühren wagten: die Androgynie (Mannweiblichkeit) des Göttlichen. Seinem neuen Buch »The Mary-Myth« (Der Mythos von Maria) gibt *Andrew Greeley* den Untertitel »On the femininity of God« (Über die Weiblichkeit Gottes)[5]. Maria ist hier die Offenbarung der weiblichen Dimension eines androgynen Gottes. Damit käme die Frau aus der Offenbarung (Kapitel 12) in jenen kosmischen Kontext, der ihr gebührt.

4. Nachwort

Dieses Triptychon schildert zunächst einmal meinen eigenen Entwicklungsgang in meiner Betrachtung und Erfahrung der Figur von Maria. Um 1962 entdeckte ich die Maria der Bibel; in den letzten fünf Jahren kamen neue Dimensionen dazu, und sie ist ein Symbol geworden, reich an Interpretationsmöglichkeiten und mit tiefen Schichten unseres Innern verbunden.
Ich weiß, daß nicht alle Feministinnen in ihrem theologischen Nachdenken in Maria ein ansprechendes Bild oder Symbol sehen

können. Sie warnen vor dem Versuch, eine Maria, die die Kirche immer als untertänig dargestellt und im Hinblick auf ihren Sohn und Herrn als zweitrangig betrachtet hat, nun zu einer unabhängigen Frau emporzustilisieren, die Inspiration und Identifikationsmodell für die Frauenbefreiung sein könnte. Dieser Schwierigkeit bin ich mir voll bewußt, und niemand wird von mir hören, daß Maria schon jetzt eine spürbare Anziehungskraft als Leitbild für den Feminismus hat. Aber Feminismus ist für mich mehr als Frauenbefreiung, obwohl er das in erster Linie ist; Feminismus ist auch eine Kritik an der bestehenden Kultur und der herrschenden Religion. Dieser Religion sind durch die Vorherrschaft der patriarchalischen und männlichen Erfahrung Tiefen verstellt worden, denen frühere, archaische Kulturen Ausdruck gaben: Verbundenheit mit der Erde, verwurzelt im Grund, aufgenommen in den Kosmos, in Wasser und Lüfte, in den Himmel. Das männliche Wort allein ist nicht genug; Symbole, Bilder, Gebärden, der Ausdruck mit unserem Körper, Tanz und Erotik sind verschwunden, und uns bleibt nur noch eine strenge Ethik und eine ohnmächtige, dürftige Praxis übrig.

Wenn ich als christliche Feministin auf der Suche nach der Bedeutung von Maria bin, dann suche ich mehr als ein neues Leitbild für Frauen. Denn ich suche auch nach einem ganzheitlicheren Gottesbild und nach einem ganzheitlicheren, integrierteren, humaneren Bild der Kirche. Das wird sichtbar an den drei Aspekten Marias, die natürlich aufs engste miteinander zusammenhängen:

– an der prophetischen Maria als Inspiration für den christlichen Feminismus;

– an der Maria, die zum heiligen Häufchen, den Armen von Jahwe, gehört, Bild von Israel und »das weibliche Gesicht der Kirche« (*Rosemary Ruether*);

– an der Maria, voll von Gnade, Braut, Tochter und Mutter Gottes, aufgenommen in den Himmel, Offenbarung der Weisheit und der Weiblichkeit, die weibliche Dimension Gottes.

Es geht um Gott und den Menschen, um den Menschen in ihrem oder seinem Aufgang zu Gott, in der Teilhabe an der Quelle des Seins, als Partner Gottes, aufgerufen durch eine Stimme in sich oder außerhalb seiner oder ihrer selbst. Wenn die Frau abgewertet und zum Anderen statt zum Partner und Gegenüber gemacht wird, dann ist die Wirklichkeit gespalten und die Bilder verkümmern, immanent wie transzendent. Neue Bilder von Maria zu entdecken, ist eine der Möglichkeiten zur Menschwerdung von Frauen, zur Ganzwerdung der Menschheit und zur Erfahrung der Dynamik Gottes.

Anmerkungen zu »Feminismus als Weg zur Befreiung« S. 18ff. und »Feminismus und Theologie« S. 32ff.

1. *John B. Cobb*, Theologie en Pastoraat (Theologie und Pastorat). Harlem 1978, S. 46 und: Theology and Pastoral Care. Philadelphia 1977, S. 38–39.
2. La Fait Féminin. Qu'est-ce qu'une femme? Ouvrage collectif sous la direction d'Evelyne Sullerot avec la collaboration d'Odette Thibault. Fayard 1978.
3. *A. Mens*, Oorsprong en betekenis van de Nederlandse Begijnen – en Begardenbeweging (Ursprung und Bedeutung der holländischen Beginen- und Beghardenbewegung). Antwerpen 1947.
4. *Lillian Breslow Rubin*, Pijn en Moeite – hoe arbeidersgezinnen leven. (Schmerz und Mühe. Wie Arbeiterfamilien leben). Ambo Baarn 1976. ursprünglich: Worlds of pain. New York, Basic Books.
5. *Anja Meulenbelt*, Feminisme en socialisme. Amsterdam 1975. Ferner: Joyce Outshoorn. Vrouwen-emancipatie en socialisme (Frauenemanzipation und Sozialismus). SUN Nijmegen 1973, sowie: die Monatszeitschrift »te Elfder Ure« (zur elften Stunde) Nr. 20 / Feminismus I.
6. *Herbert Marcuse*, Zeit-Messungen, ed. suhrkamp 1975, »Marxismus und Feminismus«, S. 9–21.
7. Als erste Einleitung kann noch immer dienen: »Wenn Frauen ans Wort kommen« unter der Redaktion von *Catharina J. M. Halkes* und Daan Budding (Gelnhausen 1980), oder *Moltmann-Wendel, Elisabeth*, Frauenbefreiung. Biblische und theologische Argumente. 2. veränderte Auflage von »Menschenrechte für die Frau«. München 1978. Siehe auch ihr Büchlein »Freiheit, Gleichheit, Schwesterlichkeit«. München 1977.
8. *Anton Houtepen*, Man en vrouw schiep Hij hen! (Und schuf sie als Mann und Weib!), in: P. A. van Gennip (ed.). Beeld van Genade (Bild der Gnade). Hilversum 1979, S. 94.
9. *Marie-Thérèse van Lunen-Chenu*, Het Feminisme en de kerk: West-Europa en het Franse taalgebied (Der Feminismus und die Kirche: West-Europa und der französische Sprachraum), in: Concillium, 12. Jg. / 1976, Nr. 1, S. 113.
10. *Peggy Ann Way*, An authority of possibility for women in the church, in: Sarah Bentley Doely (ed.). Women's Liberation and the Church. New York 1970, S. 77–95.
11. *John B. Cobb*, Theologie en Pastoraat, a. a. .O., S. 55–56.
12. *Sheila D. Collins*, A different heaven and earth – A feminist perspective on religion. Valley Forge 1974, S. 219–221.
13. *Phyllis Trible*, God and the rhetoric of sexuality. Philadelphia 1978, S. 200–202; ferner: *B. Standaert*, Uit de diepte van je ingewanden – de bijbelse barmhartigheid (Aus der Tiefe deiner Eingeweide – die biblische Barmherzigkeit), in: Tijdschift voor geestelijk leven (Zeitschrift für geistliches Leben), 34. Jg. Nov. / Dez. 1978 / 6, S. 583–597.

14. Aus dem »Lied von der Stadt«, aus: Huub Osterhuis, Im Vorübergehen. Freiburg 1969, S. 344f.
15. *Hanna Wolff*, Jesus der Mann. Die Gestalt Jesu in tiefenpsychologischer Sicht. Stuttgart 1975.
16. Die Römische Erklärung zur Frage der Zulassung von Frauen zum Priestertum, herausgegeben von der Glaubenskongregation, in: Archief van de Kerken, 1977 / Nr. 7, 29. März 1977.
17. *Anita Röper, Ist Gott ein Mann? Ein Gespräch mit Karl Rahner. Düsseldorf 1979.*
18. *Felix Christ*, Jesus Sophia. Die Sophia-Christologie bei den Synoptikern. Zürich 1970.
19. *Sheila D. Collins*, A different heaven and earth, a. a. O., S. 216.
20. *Yves Congar*, Eglise catholique et France moderne. Hachette 1978, S. 89.
21. *Mary Daly*, The spiritual revolution: Women's Liberation as theological re-education, in: Andover Newton Quarterly, März 1972, Bd. 12 / Nr. 4; sowie in »Beyond God the Father«. Boston. Beacon Press 1973, Kap. 5.
22. Ich denke hier an das »Faith and Order Paper« Nr. 73 des Weltkirchenrats mit dem Titel »One Baptism – One Eucharist – and a mutually recognized ministry«. Genf 1975.
23. Herausgegeben von der Paulist Press New York 1976.
24. *Helmut Gollwitzer*, Das hohe Lied der Liebe. München 1978.
25. *Mary Daly*, Beyond God the Father, a. a. O., Kap. 4.
26. Dies steht in einem kurzen, vervielfältigten Manuskript von *Harvey Cox*, dessen Herkunft ich nicht kenne.
27. *June Singer*, Androgyny. New York 1976, S. 206–207ff.

Anmerkungen zu »Feminismus und die Heilige Schrift« S. 54ff.

1. *Heiler, Friedrich*, Die Frau in den Religionen der Menschheit. Berlin, New York. de Gruyter 1976.
2. The Original Feminist Attack on the Bible. Reprint edition. New York. Arno Press 1974.

Anmerkungen zu »Die Gewalt der Bilder« S. 66ff.

1. Bericht des Seminars des katholischen »Vrouwendispuut« vom 26. 10. 1967 in Utrecht (holländischer Text).
2. Zu dieser Frage habe ich folgende Literatur benutzt:
   Gardiner, Anne Marie (Hg.), Women and Catholic Priesthood: an Expanded Vision. Paulist Press. New York 1976. Darin u. a.: *Komonchak,*

Joseph A., Theological Questions on the Ordination of Women, S. 241–259. *Halkes, Catharina*, Feminisme en Oecumene (2), in: Saamhorig (Zeitschrift »Zusammengehörig«) Nr. 4/1977. *Norris Jr., R. A.*, The Ordination of Women and the »Maleness« of Christ, in: Anglican Theological Review, Supplemental Series (1976) 6, 69–81. *Swidler, Leonard and Arlene Swidler* (Hg.), Women Priests, a Catholic Commentary on the Vatican Declaration. New York 1977, darin u. a.: *Irvin, Dorothy*, Bridegoom: A Biblical Symbol of Union, not Separation, S. 278–284; *Hogan, Denise C.*, Reflections on Discipleship, S. 291–295; *Stuhlmueller, Carroll*, Discrimination of Equality? The Old Older or the New? S. 310–317.

3. *van Leeuwen, Bertulf*, Geef mij een woord (Gib mir ein Wort), in: Franciscaans leven (Franziskanisches Leben) 1978, 3.
4. The prayers and meditations of St. Anselm, transl. and introd, Sister Benedicta Ward, Penguin Books, 1973, S. 155–156 (zitiert in Gardiner).
5. *Juliana von Norwich*, Eine Offenbarung göttlicher Liebe. Basel/Freiburg. Herder 1960. Und: *Børresen, Kari Elisabeth*, Christ notre mère, la théologie de Julienne de Norwich, in: Festschrift Haubst o. O., o. J.
6. *Vergote, A.*, Godsdienstpsychologie (Religionspsychologie) Tielt/Den Haag 1967, S. 227.
7. *Coser, Lewis A.* Gulzige instituties (Gefräßige Institutionen). Deventer 1978.
8. *Miller, Jean Baker*, Die Stärke weiblicher Schwäche. Zu einem neuen Verständnis der Frau. Frankfurt am Main 1977, S. 15.
9. *Miller*, a. a. O., S. 75f.
10. *Miller*, a. a. O., S. 178.

Anmerkungen zu »Befreiungstheologie: Erfahrung und Reflexionen – zwei Parallelen« S. 79ff.

1. *Hans Achterhuis*, Filosofen van de derde wereld (Philosophen aus der Dritten Welt). Bilthoven/Baarn 1975.
2. *Basil Moore*, Liberation Theology: Sexism, in: Liberation Theology and Feminism, Australian Council of Churches, o. O., o. J.

Anmerkungen zu »Flügelaltar für Maria – 1. Wenn der Nebel aufzieht« S 92ff.

1. Die Religionssoziologie unterscheidet zwei wichtige religiöse Funktionen: comfort und challenge, die Funktion des Trostes, der Geborgenheit, der Zuflucht, und die Funktion der Herausforderung, des Aufrufs. Lag früher der Nachdruck oft ziemlich einseitig auf der comfort-Funktion, die das Gemüt des einzelnen tröstet, aber unkritisch ist den beste-

henden Strukturen gegenüber, so herrscht heute eine Neigung vor, den Akzent auf Aufruf und Herausforderung zu legen und damit Protest gegen Ungerechtigkeit auszudrücken. Das erste kann zu bloßer Innerlichkeit, zum Pietismus und zur Sentimentalität führen und ist ein Grund, warum in den Kirchen vor allem Frauen sitzen; das zweite ist mit ein Resultat von Entmythologisierung und Rückkehr zu den Quellen, kann aber einen ethischen Rigorismus mit sich bringen, an dem Herz und Gemüt verkümmern.

2. Was die Namen einiger Marienfeste bedeuten: Mariä Lichtmess – Darbringung des Kindes Jesus im Tempel, »Reinigung« von Maria (2.2.); Mariä Heimsuchung – Besuch Marias bei ihrer Verwandten Elisabeth (früher am 2. 7., jetzt am 31. 5.); Mariä Verkündigung – Ankündigung der Geburt des Kindes (25. 3.).
3. Die Februarnummer 1962 der katholischen Monatszeitschrift »Ter Elfder Ure« (zur elften Stunde) ist teilweise dieser Wende in der Marienverehrung gewidmet.
4. *Magda Révész-Alexander, Eva-Maria-Venus*, Symbolen van het vrouwelijk wezen (Symbole des weiblichen Wesens). 's Gravenhage 1968.
5. Wer sich fragt, welche »radikale« feministische Theologie ich meine, sei auf zwei Namen verwiesen: *Harvey Cox*, Verführung des Geistes, Stuttgart 1973 (vor allem Kapitel 7); *Mary Daly*, Beyond God the Father, Boston, Beacon Press 1973, passim.
6. *W. J. Berger*, Vruchten en gevaren van de herlevende Mariadevotie (Früchte und Gefahren der neu auflebenden Marienfrömmigkeit), in: J. F. Lescrauwaet e. a., in: Plaats voor Maria in deze tijd (Platz für Maria in dieser Zeit). Hilversum 1974, S. 33.

Anmerkungen zu »Flügelaltar für Maria – 2. Maria . . .« S. 97ff.

1. Darum habe ich die Formulierungen von Pius XII. im Dogma von Mariä Himmelfahrt (1950) noch einmal auf die Frage hin durchgelesen, ob er Maria auf die Frauen bezieht. Dann habe ich das letzte Kapitel der Konstitution »Lumen Gentium« (Licht der Völker, 1964), das von Maria handelt, herangezogen und zum Schluß die apostolische Konstitution »Marialis Cultus« (Marienverehrung, 1974) von Papst Paul VI. Einige Ansprachen dieser Päpste vor Frauen beleuchten den einen oder anderen Aspekt näher. Zum Folgenden hat mein Assistent *H. Bekhuis* die nötigen Recherchen für mich besorgt.
2. *Napiórkowski, Stanislas*, Wo steht die Mariologie heute? in: Concilium 3 (1967) 9, S. 743ff., dort auch Anmerkung 18.
3. *Asmussen, H.*, Maria, Die Mutter Gottes. Stuttgart 1960, S. 39.
4. *Napiórkowski*, a. a. O. S. 746ff. (Das Problem der Mittlerschaft Mariens)

5. *Dresen-Coenders, H.* Moeder, Beeld en werkelijkheid (Mutter: Bild und Wirklichkeit), in: Dux 31 (1964), S. 167. Dieselbe, Machtige grootmoeder, duivelse heks (Mächtige Großmutter, teuflische Hexe), in: Jeugd en Samenleving (Jugend und Gesellschaft) 5 (1975), S. 213–247.
6. Schweizerische Kirchenzeitung vom 31. 10. 1957.
7. Zweites Vatikanisches Konzil. Konstitution über die Kirche. Mit einer Einleitung von Joseph Ratzinger. Münster 1965, S. 147ff.
8. Schweizerische Kirchenzeitung, Nr. 17 / 1974.
9. *Danneels, Godfried,* »Marialis Cultus« – Een Romeins document over de Maria-Verering na Vatikaan II (ein römisches Dokument über die Marienverehrung nach dem II. Vatikanischen Konzil), in: Collationes (1974) 2, S. 258–278.
10. *Beinert, Wolfgang,* Zal ook dit geslacht haar zalig prijzen? (Wird auch dieses Geschlecht sie selig preisen?) Tielt / Amsterdam 1975, S. 15.
11. Archief van de Kerken 29 (1975), Spalte 148.
12. Osservatore Romano vom 26. September 1975, S. 2.
13. *Cox, H.*, Preeksuggesties (Predigtvorschläge), in: Kerygma 14 (1970 / 71) 6, S. 59.
14. Maandblad C.M.B.V. (Monatsblatt der Christlichen Mittelstand- und Bürgervereinigung) 25 (1975) 5, S. 1.
15. Zitiert in »Overweg« (Unterwegs; Blatt des Bistums Breda) im Sommer 1974 in einer Spezialausgabe über »Maria in onze tijd« (Maria in unserer Zeit), S. 9 (Zitat aus einem Artikel von Noordmans in der Zeitung »De Leewarder Courant«).
16. H. Bekhuis hat die Jahrgänge 1970–1975 daraufhin untersucht.
17. In: Kerygma 16 (1972 / 73) 6, S. 38–41.
18. A. a. O.
19. *J. van Kilsdonk*, De lege schoot (Der leere Schoß), in: Als je zoon je vraagt' (Wenn dein Sohn dich fragt), Bilthoven 1974, S. 43–48. Es handelt sich um das alte römische Missale von Pius V. (1566–1572) und nicht um das neue von 1970.
20. »De katholieke Moeder« – in haar opgang naar God (Die katholische Mutter – in ihrem Aufgang zu Gott). Venlo 1939, S. 367–368.
21. Ich habe 34 Briefe verschickt, zwei davon an Klöster. Von den 51 Antworten kamen 17 von Nonnen. Das Alter der Antwortenden lag zwischen 28 und 60 Jahren; unter den Laien haben etwa die Hälfte ein Hochschulstudium absolviert, unter den Nonnen nicht.
22. *Vestdijk, Simon*, De toekomst der religie (Die Zukunft der Religion). Amsterdam 5. Aufl. 1975, S. 198.
23. Siehe das vorangehende Kapitel »Wenn der Nebel aufzieht«.
25. *Cox, Harvey*, Verführung des Geistes. Stuttgart, 1973, Kapitel 7.
26. *Ulanov, Ann Belford*, The Feminine and the world of CPE, in: The Journal of Pastoral Care 29 (1975) 1, S. 11–23 (Clinical Pastoral Training oder Education ist eine spezielle Seelsorge-Ausbildung durch ein längeres Praktikum in einer klinischen Umgebung.)

27. A. a. O., 16.
28. A. a. O., S. 20.
29. *Washbourn, Penelope G.*, Differentiation and Difference – Reflections on the ethical implications of Women's Liberation, in: Judith Plaskow Goldenberg (Hg). Women and Religion (1972), S. 95ff.
30. A. a. O., S. 103.
31. *Feiner, Johannes und Lukas Vischer*, Neues Glaubensbuch. Der gemeinsame christliche Glaube. Freiburg 1973, S. 615.
32. *Daly, Mary*, Beyond God the Father. Boston, Beacon Press 1973, S. 85.
33. A. a. O., S. 85. Sehr aufklärend bespricht Ulanov diesen Aspekt in ihrem Artikel »Die Jungfrau, die Mutter wird«: *Ulanov, Ann Belford*, a. a. O., S. 13.
34. *Laurentin, René*, Marie et l'anthropologie chrétienne de la femme, in: Nouvelle Revue Théologique (1967) 5, S. 485–515. Derselbe, Foi et mythe en theologie mariale, in: Nouvelle Revue Théologique (1967) 3, S. 281–307.
35. *Daly, Mary*, a. a. O., S. 87.

Anmerkungen zu »Flügelaltar für Maria – 3. Die prophetische Maria« S. 110ff.

1. *Heiler, Anne Marie*, Die Stellung der Frau in den Religionen, in: Bitter, Walter (Hg), Krisis und Zukunft der Frau. Stuttgart 1962, S. 193ff.
2. *Fiorenza Schüssler, Elisabeth*, Interpreting patriarchal tradition, in: Russel, Letty (Hg.). The liberating word – a guide to nonsexist interpretation of the Bible. Philadelphia 1976, S. 49ff.
3. *Holladay, William L.*, Jeremiah and Women's Liberation, in: Andover Newton Quarterly, März 1962, Bd. 12, Nr. 4. Weiter: ein unveröffentlichtes Manuskript von Jan Willem de Vos und Jaap van Manen, Jeremia en de sex-rol (Jeremia und die Geschlechtsrolle). Amsterdam, April 1977 (theol. fac. V.U.) über Jeremia 31,20–22, worin die Autoren zum Schluß kommen: das Duldende, Vertragsame wird die Überhand bekommen über die Macht, die Stärke, die Gewalt. Das Weibliche, die Jungfrau Israel, als Personifikation der Nation, wird in Gottes neuer Schöpfung den Mann übertreffen. Das Befreiende für Israel besteht darin, daß es sich als Frau ohne Heldenhaftigkeit, Macht, Stärke und Armee nicht minderwertig zu fühlen braucht. Und: Geoffrey Ashe weist in »The Virgin« (London 1976, S. 98–100) auf die sehr unterschiedlichen Übersetzungen von Jeremia 31,22 hin und deutet diese Stelle selbst so: beim Anbruch der Neuen Zeit wird eine Frau die Rolle eines Mannes – das heißt eine führende Rolle – spielen.
4. *Schmidt, Paul*, Maria. Modell der neuen Frau. Kevelaer 1974, S. 56ff.
5. *Greeley, Andrew*, The Mary-Myth. New York 1977.

Literatur

Andriamangato, Rahantavolona R.: Economic political factors and the status of woman in Asia, Africa and Latin-America in the seventies (vor allem in sozialistischen Ländern).

Ashe, Geoffrey: The Virgin, London 1976.

Barth, Else: De 19te eeuwse »idealistische« logica (Die idealistische Logik des 19. Jahrhunderts), in: Intermediair, 14. Jg. Nr. 16/April 1978, S. 1–11.

Bitter, Wilhelm (Hg.): Krisis und Zukunft der Frau, Stuttgart 2. Aufl. 1967.

Boesak, Allan: Afscheid van de onschuld (Abschied von der Unschuld). Kampen 1977.

Boesak, Allan (Hg.): Om het zwart te zeggen (Um es schwarz zu sagen). Kampen 1975.

*Brown, Raymond E.:*The role of Mary, in: Crises facing the Church. London, New York, 1975.

Burnier, Andreas: De Zwembadmentaliteit (Die Schwimmbadmentalität). Querido, Amsterdam 1979 (daraus das Kapitel »Veranderingen in het mensbeeld« (Veränderungen im Menschenbild), S. 76–97.

Collins, Sheila D.: Socialism and Feminism: a necessary ground for liberation, in: Cross Currents XXVI (1976) 1, S. 33–47.

Crüsemann, Frank und Thyen, Hartwig: Als Mann und Frau geschaffen, Gelnhausen / Berlin und Stein / Mfr. 1978.

Daly, Mary: The church and the second sex, London 1968 (second edition New York '75).

Daly, Mary: Beyond God the father, Boston 1973.

Daly, Mary: Gynecology. The meta-ethics of radical feminism, Boston 1978.

Dewey, Joana: Images of Women, in: Russell, Letty (Hg.), The liberating word – a guide to nonsexist interpretation of the Bible. Philadelphia 1976, S. 62–82.

Firkel, E.: Die selbstbewußte Frau. Zur Identitätskrise der Frau in der westlichen Welt, Frankfurt 1976.

Freire, Paulo: Pädagogik der Unterdrückten. Stuttgart 1972.

Fromm, Erich: Haben oder Sein. Stuttgart 1976.

Gollwitzer, H.: Het hoglied van de liefde, Baarn 1978 (übersetzt: Das hohe Lied der Liebe, München 1978).

Greeley, Andrew: The Mary Myth. On the femininity of God, New York 1977.
Halkes, Catharina J. M.: Eine andere Maria, in: Una Sancta, Januar 1978.
Halkes, Catharina J. M. und Daan Budding (Hg.): Wenn Frauen ans Wort kommen, Gelnhausen 1980.
Heiler, Friedrich: Die Frau in den Religionen der Menschheit. Berlin, New York 1977.
Holt Clinebell, Charlotte: Das befreiende Gespräch. Wie Partner sich besser verstehen lernen, GTB / Siebenstern 336, Gütersloh 1979.
Kahl, Susanne (Hg.): Die Zeit des Schweigens ist vorbei. Zur Lage der Frau in der Kirche, GTB / Siebenstern 335, Gütersloh 1979.
Lewek, Christa: The role of women in an socialist society, in: Sexism in the seventies, Genf 1975 (Report of a WCC Consultation West Berlin 1974) S. 66–84 und 85–97.
Lüthi, K.: Gottes neue Eva. Wandlungen des Weiblichen, Stuttgart 1978.
Marcuse, Herbert: Marxismus und Feminismus, in: Zeitmessungen, Frankfurt 1975.
Meulenbelt, Anja: Feminisme en Socialisme (Feminismus und Sozialismus), een inleiding (eine Einleitung). Kritiese biblioteek Van Gennep. Amsterdam 1975.
Moltmann-Wendel, Elisabeth: Frauenbefreiung (2. geänderte Auflage von »Menschenrechte«), München 1978.
Moltmann-Wendel, Elisabeth: Freiheit, Gleichheit, Schwesterlichkeit, München 1977.
Moore, Basil (Hg.): Black Theology – The South African Voice. London 1973.
Pannenberg, Wolfhart: Mary, Redemption und Unity, in: Una Sancta 24 (1967), S. 62–68.
Pinl, Claudia(u. a.): Frauen auf neuen Wegen, Gelnhausen / Berlin 1978
Raming, Ida: Der Ausschluß der Frau vom priesterlichen Amt, Köln / Wien 1973.
Rinser, L.: Unterentwickeltes Land, Frau, Würzburg 1970.
Ruether, R. Radford: The church against itself, London / Melbourne 1967.
Ruether, R. Radford: Liberation Theology, Human hope confronts christian history and american power, New York / Toronto 1972.
Ruether, R. Radford: Mary, the feminine face of the church, Philadelphia 1977.
Ruether, R. Radford: New women, new earth. Sexist ideologies and human liberation, New York 1975.
Ruether, R. Radforf: (ed.) Religion and sexism, New York 1974.
Russell, Letty: The future of partnership, Philadelphia 1979.
Russell, Letty: Human liberation in a feminist perspective. A theology, Philadelphia 1974.
Russell, Letty, (ed.): The liberating word, Philadelphia 1976.

Scanzoni, Letha und Nancy Hardesty: All we're meant to be – A biblical approach to Women's Liberation, 1974.

Schär, Hans: Das Weibliche in der Bibel – seine anthropologischen und mythologischen Aspekte, in: Bitter, Wilhelm (Hg.), Krisis und Zukunft der Frau. Stuttgart 1962, S. 225–238.

Scharffenorth, Gerda und Thraede, Klaus: »Freunde in Christus werden«. Die Beziehung von Mann und Frau als Frage an Theologie und Kirche, Gelnhausen / Berlin 1977.

Schmidt, P.: Maria. Modell der neuen Frau. Perspektiven einer zeitgemäßen Mariologie, Kevelaer 1974.

Schüssler-Fiorenza, Elisabeth: Feminist Theology as a critical Theology of Liberation, in: Theological Studies 1975, 4.

Suche nach einer Afrikanischen Theologie, in: Herder Korrespondenz 32 (1978), S. 63–65 (Darin wird von drei Konferenzen über afrikanische schwarze Theologie berichtet. In Accra wurde als eines der drei Kriterien für eine afrikanische Theologie formuliert, daß sie ein Kampf gegen den Sexismus sein müsse).

Sullerot, Evelyne: Le fait feminin. Qu'est-ce que une femme? Paris 1978.

Tavard, George H.: Women in Christian Tradition. Notre Dame, London 1973.

Themanummer Radical Religion: Feminism and Socialism, Vol. III, Nr. 2/ 1977.

Themanummer Wereld en Zending (Welt und Sendung): Jezus bevrijdt en verenigt man en vrouw (Jesus befreit und vereinigt Mann und Frau) Jg. 7/1978, Nr. 2.

Unterste, Herbert: Theologische Aspekte der Tiefenpsychologie von C. G. Jung, Düsseldorf 1977.

Warner, Marina: Alone of all her sex, London 1976.

Nachweis der Erstveröffentlichung der überarbeiteten Beiträge

1. (B. I.)	Feminismus und die Heilige Schrift	»Schrift 51«, Juni 1977 Mgr Suyslaan 4, Nijmegen.
2. (B. II.)	Die Gewalt der Bilder	»Speling«, September 1978, 30. Jahrgang Nr. 3, Verlag: Drukkerij-Uitgeverij H. Gianotten b. v., Bredaseweg 61, Tilburg.
3. (B. III.)	Befreiungstheologie: Erfahrung und Reflexion	»Wending«, 33, Jahrgang, Juli / August 1978, Verlag: Boekencentrum b. v., Den Haag.
4. (B. IV. 1.)	Wenn der Nebel aufzieht	»Schrift 38«, April 1975
5. (B. IV. 2.)	Maria, ein Vorbild für die Frau in der r.-k. Kirche?	»Vox Theologica«, 45. Jahrgang, nr. 4, Oktober / November 1975, Verlag: Uitg. Waanders, Postfach 1129, Zwolle.
6. (B. IV. 3.)	Die prophetische Maria	»Beeld van Genade«, Verlag: Gooi en Sticht, Hilversum 1979.